重构商业

产业互联网时代的商业模式重构

熊超群 ◎ 著

中国商业出版社

图书在版编目（CIP）数据

重构商业：产业互联网时代的商业模式重构 / 熊超群著. -- 北京：中国商业出版社, 2019.9
ISBN 978-7-5208-0896-5

Ⅰ. ①重… Ⅱ. ①熊… Ⅲ. ①商业模式－研究 Ⅳ. ①F71

中国版本图书馆 CIP 数据核字(2019)第 196259 号

责任编辑：杜辉

中国商业出版社出版发行
010-63180647　www.c-cbook.com
（100053　北京广安门内报国寺1号）
新华书店经销
三河市长城印刷有限公司印刷

*

710 毫米×1000 毫米　16 开　13 印张　170 千字
2019 年 10 月第 1 版　2019 年 10 月第 1 次印刷
定价：48.00 元

* * * *

（如有印装质量问题可更换）

自序
PREFACE

近些年，我在传统产业和互联网之间的融合问题上做了大量探索。我清楚地认识到，产业互联网是一次难得的商业机遇，是工业时代全面进入信息时代的重要阵地，产业互联网也将会是数字化时代的战略高地。

工业时代，强调以生产与商品为核心，我们现在经历的是数字时代，强调以用户与人为核心，过去是人找商品，现在已经到了商品找人的时代了。

"就像手机智能化的过程一样，我们认为从封闭走向开放，也是汽车智能化的必由之路。拥抱智能化浪潮，比亚迪的策略是'开放'。"比亚迪总裁王传福跟我说。参照IT行业，仅手机里的10多个传感器就吸引了上千万开发者参与，产出300多万个应用。比亚迪将全面开放汽车上的341个传感器和66项控制权。比亚迪DiLink系统，未来将基于安全策略下，向开发者提供开放接口、车辆数据和控制权限，这里面用户体验改变最大的无疑是智能汽车生活、自动驾驶和安全保护。做产业互联网，是绕不过智能化的。经过这几年引导传统企业重构商业模式的实践，我对产业互联网有了重新的定义："以数字化转型为底座，以互联网为管道，以智能技术为生产要素，以共生组织创造整体多理性的模式，称之为产业互联网。"

如果你在手机上给妈妈订一台海尔冰箱，就有了"一切都被互联网连接"的感觉了。它会告知你冰箱主机上去了；接下来，装门柜了；再接着下线了，上物流了；然后再接着告诉你，什么时间到你家了；上门安装好之后，还可以

重构商业
——产业互联网时代的商业模式重构

让你妈妈跟冰箱合个影,然后发微信告诉你:冰箱到家了。

人类信息已经进入 5G 时代,大带宽、低时延和海量连接的能力,可以全方位地改变各个行业的生产和运营。5G 能够真正帮助各行业把设备和管理之间的距离无限拉近,结合云、大数据、人工智能,我们相信,5G 将会把各行业的生产效率提升 10 倍以上。这样,产业互联网就可以打通研发端、生产设备端、供应链端、业务端、物流端和用户端,才能真正做到"零"库存生产、100% 物流追踪管理和"单"个起订的 C2M 模式。

我去参观过海尔的智能互联网工厂。海尔已经通过互联网工厂让用户可以全流程参与产品交互设计、采购、制造、物流、体验和迭代升级等环节。通过用户赋能,把用户的反馈精准地带给制造方,让制造方更理解用户行为,最终给予用户最佳体验。这就意味着未来量化、程序、衡量的工作一定会被机器人替代。

海尔做转型的时候,让员工在为用户创造价值的同时实现自身价值,这就是海尔所谓的"人单合一"的核心。而这个核心创造出来的时候,就会使一个传统的冰箱变成一个全新的冰箱。

华为与腾讯最近发布新战略的时候都用了一个意思近乎相同的词。华为是用了"联接"这个词,构建万物互联的智能世界。而腾讯用了"连接",意味着它会赋能所有的产业,成为一个连接者。这就是产业与互联网融合的最好解释。

熊超群

前言
FOREWORD

当移动互联网的红利逐渐减退，人们自然而然地开始思考企业的未来走向。其实，在科技大佬的头脑中很早便开始出现了这个概念，比如，几年前在云栖大会上马云提出了"新零售"概念，之后马化腾提出了"未来的互联网到底要向何处去"的疑问。

当移动互联网的红利逐渐减退的时候，产业互联网到底该去往何处？或许这个问题在每个互联网企业领导人的头脑中都曾出现过，虽然人们无法明确表达未来互联网的具体走向，但是可以肯定的是，未来的互联网一定是一个对产业再度重塑和赋能的过程。因为在移动互联网时代，我们仅仅改变了用户习惯，并没有真正改变行业本身。因此，互联网的发展新阶段，一定发生在借助新技术，对原有产业进行深度改变的方向上。

移动互联网让网络得到快速普及，虚拟化进程从个人蔓延到企业，企业成为互联网的参与者。行业经验、渠道、网络、产品认知等壁垒让互联网传统消费巨头优势不再，并购、合作、自主发展等成为企业进入产业互联网的主要方式。对于产业龙头公司来说，产业互联网则是一片深挖领域。

近年来，互联网对产业的影响逐渐凸显，互联网主体已经逐渐渗透到企业和全产业链条、全生命周期，产业互联网时代已经到来。在产业互联网时代，优势产业平台凭借对实体资源的把控，凭借互联网的力量，就能全面把控信息、交易和定价。

产业互联网不仅是产业电商，还要依托互联网技术、大数据、金融服务等赋能于传统产业，提高协同效率，助力传统产业转型升级，实现跨越式发展。从整个互联网大环境来看，以模式为主的创业时代已经过去，下一个十年，必然会是技术创新的十年。互联网流量红利已经逐渐耗尽，产业互联网时代所有的企业都将是互联网企业，所有的互联网企业也都将融入产业。人工智能、区块链、云计算、大数据等新技术也会加速产业周期的迭代。

产业互联网的商业模式比较清晰，能够形成一个完整的服务网络。随着大数据、人工智能产品的不断完善，基于产业互联网的商业模式必然会逐渐落地。2019年，深耕产业互联网的企业将呈现以下三大特点：

（1）搭建全新的技术架构。围绕云计算、大数据、人工智能等，企业将实现经营数字化、"数据＋算法＋算力"云化、云端终端智能一体化。

（2）搭建全新的服务架构。规模化企业组建生态级系统是大势所趋。核心企业出面筛选出一批供应商，针对重点客户，基于技术架构的协同效应，提供跨产业的服务集群。

（3）搭建全新的决策架构。产业互联网对商业模式、经营策略、组织结构、决策路径等都提出了严峻的挑战，必须建立适应全新数字化的领导与决策体系。

随着新技术的推动，新时代的运用者促使新型互联网企业诞生，即新链接、新生态、新运营商。未来，不仅消费者需要互联网，企业也需要互联网，政府更需要互联网。共享经济风口已过，下一站是产业互联网，为企业服务的产业互联网机会非常多。

在产业互联网这个巨大风口，企业必须抓住机会，重构商业模式。

目录 CONTENTS

第一章 大势所趋——要么重构,要么被购

产业互联网:一把瞄准时代的黄金手枪 / 2

产业互联网:重点是产业,不是互联网 / 7

产业互联网:先进制造业 + 现代服务业 / 11

拥抱产业互联网就是拥抱这个时代 / 16

第二章 进退维谷——传统企业生存真相

过剩:从优胜劣汰到"优剩劣汰" / 22

转型:有一种转型是揠苗助长 / 26

互联网:未来属于既懂产业又懂互联网的人 / 29

思维:先有思维突破,才有现实突破 / 36

第三章 盈利模式——企业战略的原点

众说纷纭的盈利模式 / 40

模式是病根，也是最好的药 / 47

商业模式与盈利模式的重心 / 53

速度，速度，还是速度 / 56

变革中的盈利模式 / 59

第四章 模式变革——新时代，新商业，新玩法

衰落的模式，变异的基因 / 64

可以微创新，就不必硬颠覆 / 68

迭代：从盲动犯错到主动试错 / 71

与时俱进，不做追赶时代的人 / 76

商业模式变革的要点 / 78

第五章 人本主义——消费者开始宣示主权

互联网思维就是用户思维 / 84

互联网思维的本质是回归人性 / 88

卖货，不如兜售参与感 / 92

从互联网思维到区块链精神 / 96

从"渠道为王"到"产品为王" / 100

免费是互联网企业的必然选择 / 103

粉丝就是生产力 / 107

第六章 先利其器——产业工人与技术工具

从生产资源到合伙人 / 112

传统企业"触网"三部曲 / 117

大数据形而上,小数据形而下 / 120

云计算、云结点、云思路 / 124

傻瓜产品与极简主义设计 / 128

流量、体量与分量 / 132

好产品会说话 / 135

第七章 无限关联——万物互联,万物赋能

技术关联:越连接,越强大 / 140

思维关联:嫁接模式与对接模式 / 143

利益关联:投资你无法超越的对手 / 145

财富关联:伤心的"锅"做不出好菜 / 147

共识关联:绕过金钱的封锁线 / 149

价值关联:卖什么都不如卖情怀 / 151

第八章 生态系统——生态繁荣,才能基业常青

不做带枪的打工仔 / 156

雨林战略与竹林战略 / 159

跨界互反与太极之道 / 161

整合资源，协调脑袋 / 165

圈层与社群：社会关系再凝聚 / 168

打造基于商业模式的开放平台 / 171

第九章 重构商业——商业模式迭代的驱动力

渠道路径驱动模式 / 176

价值主张驱动模式 / 179

新产品驱动模式 / 182

客户需求驱动模式 / 185

核心资源驱动模式 / 188

成本结构驱动模式 / 190

收入来源驱动模式 / 192

后 记 / 195

第一章

大势所趋
——要么重构,要么被购

产业互联网：一把瞄准时代的黄金手枪

一、什么是产业互联网

产业互联网是互联网与传统产业的结合，是应用互联网技术进行连接、重构后的传统产业。

2000年，美国的沙利文咨询公司提出了有关产业互联网的设想。只不过受技术所限，这一设想并没有被广泛接受。2012年通用电气公司发布了一份报告，重新对这一概念进行了阐释，"产业互联网"的概念才逐渐受到业界重视。

在英文中，"产业"和"工业"是同一个词，而且最初的产业互联网应用领域主要集中在工业，因此在早期的中文文献中，"产业互联网"也常被译为"工业互联网"。后来，这个概念与德国的"工业4.0"概念融合在一起，逐步写入了各种政府文件和学术文献。不过，只要重新回顾一下原始文献就会发现，产业互联网的应用领域并不限于工业，至少在通用电气公司的报告中，就涉及航空管理、医疗等领域。

目前，我国的第三产业已经占到GDP的一半以上，而第三产业的很多行业，依然可以使用产业互联网的相关技术。从这个意义上来说，对产业互联网的理解不能局限在工业领域，否则很可能会限制了企业的发展。

如今，很多互联网企业都开始积极拥抱产业互联网，挖掘其中的商机，都在利用产业互联网发展的契机，提高生产效率，实现企业转型。数据显示，2018年第三季度全球互联网投融资金额为512亿美元，随着全球资本市场活跃度的下降，投资金额环比下降6.5%，同比下降3.9%；中国互联网投融资方面，投资市场活跃度持续增长，2018年第三季度中国互联网投融资案例数量持续增长，共有892件。

二、产业互联网有利于实现产业优化升级

与消费互联网比起来，产业互联网包含着更大的商机。关于这方面，可以从两者的连接数和APP需求量来看。消费互联网的连接对象主要是人与PC、手机等终端，连接数量约为35亿；而产业互联网连接的对象则主要有人、设备、软件、工厂、产品等各要素，其潜在的连接数量多达数百亿。从APP的数量上来看，整个消费互联网现有的APP总数只有几百万；而据估计，仅工业领域，产业互联网的APP需求量就能达到6000万。

从对国民经济发展的影响来看，产业互联网的意义比消费互联网更大；从功能上看，消费互联网主要是通过连接消费者，帮助既有产品实现更高效的销售和流通。虽然它也会对生产环节产生促进效应，但总体来说这种影响是间接的、有限的，与之相比，产业互联网对生产的影响则更加直接和明显。

借力互联网，应用大数据、云计算、人工智能等技术，传统企业就能更好地设计满足消费者需求的产品、更有效地组织生产、更快捷地实现产品的流通和销售，从整体上优化组织结构、提升生产效率，继而促进新旧动能转换，实现产业优化升级，提升产业的国际竞争力。

三、产业互联网的未来发展趋势

产业互联网是互联网与传统行业深度结合的模式,综合运用大数据、云计算、物联网、人工智能等技术来为传统企业赋能,能够辅助企业的设计、生产、管理、推广和服务等系列运营活动。市场风云不断变化,企业应重新确定业务方向。移动互联网正式进入互联网时代的下半场,2019年产业互联网必然会呈现出如下趋势:

1. "云"贯穿整个产业互联网

2018年下半年互联网圈最大的动作就是腾讯调整组织架构,成立"云与智慧事业产业群"(CSIG),腾讯云被正式上升到战略层面。此外,在过去的一年里,场上战火已起,各个云计算玩家互不相让。占据优势者努力深挖护城河,加大投入;优势较弱的备足粮草,伺机而动,时刻准备着虎口夺食。在产业互联网的大趋势下,云计算早已成为最先被引爆的行业。作为B端市场的核心,云平台可以佐助企业完成升级改造,必然会引发竞争,接下来的3~5年内,"云"竞争必然会是主旋律。

2. 巨头不断打造IP口号

对于传统企业来说,拥抱产业互联网,是提升生产效率、实现企业转型、重回市场高地的最佳契机,其中,尤以巨头的动作最明显。他们都以科技赋能的方式,助力企业进行业务模式、运营模式和商业模式的数字化、智能化变革。比如,腾讯强调"扎根消费互联网、拥抱产业互联网",利用云、支付、人工智能、安全、LBS等基础设施赋能产业合作伙伴,搭建了新一代的智能生态产业。其余几家也纷纷提出口号,打造2B新模式,全面拥抱互联网下半场。

3. 细分行业的独角兽独领风骚

2018年，中国创投史上独角兽上市最多，独角兽格局变化也最大。从独领风骚，到合并成为"巨兽"，再到集体"逃亡港股"，独角兽的格局发生了巨大变化。当变化来临，一般都是置身其中的人最先感知到，产业化也不例外。值得一提的是，这些独角兽背后都隐藏着巨头的身影。在互联网下半场，专注于特定行业的极致服务越来越受到市场的关注和欢迎，人们越来越能意识到"术业有专攻"的重要性，其中也有VC（风投）和巨头的功劳。

4. 新生代消费者推动市场内外变革

如今，三、四、五线城市的企业格局也发生了巨大变化。数据显示，三线及以下的城市消费者占据全国人口的70%，为中国贡献了59%的GDP，其中消费主力就是23~35岁的年轻人。这个群体有着超前的品质与服务意识，消费行为更加自发，B端市场必然要发生变革，从漫而散的模式发展到个性化推荐、定制，三、四、五线城市的B端市场会出现更多的数据驱动企业，这些企业为了适应新的消费群体，会主动完成自我革命。

5. 人工智能逐渐步入正轨

随着人工智能技术的逐渐落地，一大批以原创人工智能技术为核心竞争力、聚焦不同方向的中小公司迅速崛起，成为巨头和资本市场的座上宾。尽管经过了几年的"泡沫期"，但人工智能技术依然逐渐步入正轨。人工智能视觉、人工智能听觉、人工智能大数据……从生产线优化到深度算法学习，从提高效率、降低成本到推动企业变革，在过去的2018年的一整年里，人工智能屡屡被推上产业互联网应用技术的风口浪尖。

6. 技术和服务成资本市场的座上宾

纵观20年的整个投资布局，可以看到两个明显特征：一是投资数量大幅减少，一是投资方向逐步聚焦。过去人们在电商、娱乐方面的投资，除了原有股东跟投外，并没有太多的新资本方进入。企业级服务、大数据、人工智能、云计算等具备技术优势的公司正在逐步走进深水区，落地的技术越来越多，投资事件层出不穷。

产业互联网：重点是产业，不是互联网

产业互联网并不是互联网影响行业的开始，产业互联网的重点并不在于互联网本身，而在于代表新技术的大数据、云计算和人工智能等对于产业的深度改变。

以 BAT 为代表的互联网巨头对于产业的改变，不仅局限在互联网本身，更多地表现在新技术的布局上。互联网只吹响了产业改造的号角，更多的改变将发生在以大数据、云计算和智能科技为代表的新技术上。

之所以将移动互联网之后的时代称为产业互联网时代，很大程度上就是因为，互联网为我们提供了一个思考 B 端行业改造的方式，还能将互联网在改造 C 端用户时的模式应用在 B 端行业上。

可见，在不远的将来，只要能找到新技术与行业的结合点，借助新技术的手段来破解那些互联网技术无法破解的痛点和难题，就能把握产业互联网的发展风口。无论是当下出现的新零售、新金融，还是新消费，在这些外部概念的背后都能看到新技术的影子。只有借助新技术对传统产业进行深度改造，才能让产业互联网给行业带来本质性改变。

一、产业互联网的特征

1. 技术特征

产业互联网的发展离不开各项互联网新技术的支撑,包括移动通信、物联网、大数据、云计算、智能制造、区块链等。移动通信的使用,让用户与企业、用户与用户、企业与员工之间能够打破地域和时间限制,进行紧密的实时连接;物联网链接让产业互联网中的各个节点形成了人与物、物与物连接的网络,能够实现生产数据采集,并将节点之间的控制与反馈作用传递出去;区块链技术在产业供应链金融风控体系的应用,有利于推动产业链信用体系建设和供应链金融的落地。

2. 形式特征

产业互联网的形式是通过搭建"基础设施"进行连接和赋能,把产业链上已经存在的单个组织通过新的产业链治理机制和利益分配机制整合起来,调整产业结构,实现产业模式的升级,实现人与人、人与物、人与服务的有效链接,实现分享经济,重塑产业生态。

3. 功能特征

BAT、华为、移动、电信等,提供了互联网时代适用于各行各业的一级基础设施;而产业互联网,则通过为垂直产业内的从业者提供集成性云服务,聚焦垂直产业链的特点,解决垂直产业的痛点,是该垂直产业的二级基础设施。

二、多样的"互联网+"

"互联网+"行动计划能够促进以云计算、物联网、大数据为代表的新一代信息技术与现代制造业、生产性服务业等的融合创新,发展壮大新兴业态,为产业智能化提供支撑,推动经济的转型与产业升级。

1. 互联网 + 农业

"互联网 + 农业"不仅改变了农产品流通模式，催生了农产品电子商务的繁荣，还推动了新农人群体的诞生。互联网是新农人的核心基因，这也是新农人与传统农民、新型职业农民的最大不同。互联网的赋能，让新农人具备了直接对接市场的能力，改变了农民信息薄弱的状况，让他们从产业链的末端开始走向前台。农业电商成为农业现代化的重要推手，能够有效减少中间环节，让农民获得更多利益。

2. 互联网 + 制造业

互联网将触角延伸到制造业，实现柔性化生产，让"制造"成为"智造"。互联网大大削减了产销之间的信息不对称，加速了生产端与市场需求端的紧密连接，并催生出一套新的商业模式：C2B 模式，即消费者驱动的商业模式。C2B 模式要求生产制造系统具备高度柔性化、个性化、快速响应市场等特性，完全不同于传统 B2C 商业模式下的标准化、大批量、刚性缓慢的生产模式。

3. 互联网 + 批发业

"互联网 + 批发业"能够促进产业集群的线上转型，传统批发市场遇上互联网，必然会催生出"在线产业带"这一新兴业态。借助互联网、现代物流与支付等信息经济基础设施，以网络方式进行交易和服务的跨境贸易活动，不仅能推动传统外贸商业活动各环节的网络化、数据化和透明化，还具有面向全球、流通迅速、成本低廉等优势。

4. 互联网 + 媒体

互联网对于媒体的影响，不仅改变了传播渠道，还改变了传播界面与形式。传统媒体是自上而下的单向信息输出，用户多数都是被动地接收信息，而融入互联网后的媒体形态则是双向的、多渠道的、跨屏的，在内容的传播中，用户会参与到内容传播中，成为内容的传播介质。

5. 互联网＋医疗

互联网与医疗的融合，可以解决"三长一短"问题，比如，挂号网等服务排队时间长、看病等待时间长、结算排队时间长等。而互联网医疗的未来，必然会向更专业的移动医疗垂直化服务发展，可穿戴监测设备也会成为最可能突破的领域。

6. 互联网＋教育

互联网与教育融合，实现了在线教育大爆发。通过大数据技术，可以实现个性化推荐，而基于移动终端的特性，用户可以用碎片化的时间进行学习，让在线教育切中传统教育的痛点和盲区。

产业互联网：先进制造业＋现代服务业

从长远来看，"互联网＋先进制造业＋现代服务业"将成为中国经济发展新引擎，推动新技术、新产业、新模式的不断产生，引发产业、经济与社会的变革，为中国乃至世界带来巨大的商机和发展机遇。

"十三五"期间，要重点推动定制化规模生产、电子商务、延展增值服务和互联网金融的深度融合，大力推进服务型制造，推动广大制造企业产业模式的升级换代。

一、先进制造业

1. 工业互联网发展处于起步阶段

工业互联网是实现人、机器、车间、企业等主体以及设计、研发、生产、管理、服务等各产业链要素互联的基础，是工业智能化的"血液循环系统"，包括工业企业内网和工业企业外网。其中，工业企业内网，实现的是工厂内生产装备、信息采集设备、生产管理系统和人等生产要素的广泛互联；工业企业外网，实现的是生产企业与智能产品、用户、协作企业等工业全环节的广泛互联。

工业互联网标识解析体系是工业互联网网络架构的重要组成部分，类似于互联网领域的域名解析系统（DNS），包括标识和解析系统两部分。其中，标识是机器和物品的"身份证"；而解析系统，利用标识，就能对机器和物品进行唯一性的定位和信息查询，实现全球供应链系统和企业生产系统的精准对接。

目前，全球工业互联网发展处于起步阶段。在工业企业内网方面，传统工业现场总线、工业以太网等网络技术、标准和产品主要集中在少数发达国家。近年来，我国提出了工厂自动化，但产业化和商用水平低。

2. 工业企业的改造升级

工业互联网网络建设涉及工业和通信业之间技术选择、标准规范、协议互联等多种问题的协同解决，是一项复杂的系统工程。为了实现工业企业的改造升级，国家在《关于深化"互联网+先进制造业"发展工业互联网的指导意见》（以下简称《指导意见》）中，做了具体部署。

（1）加快工业企业的外网建设。针对建设低时延、高可靠、广覆盖的工业企业外网络的要求，《指导意见》从骨干网和接入网两个层面提出了推进路径：①面向工业互联网的骨干网络升级。以实现工业企业和工业互联网服务企业的广泛、高质量宽带接入为目标，用软件定义网络、网络虚拟化等技术对现有公众互联网和高性能专网进行升级改造和建设。②新型无线网络升级与建设。利用窄带物联网（NB-IoT）等低功耗广域网（LPWAN）技术，建设满足工业互联网海量设备接入高密度、低时延需求的蜂窝网。③满足工业企业的接入需求，将网络建设成为能够为工业互联网业务服务的无线网络。

（2）推动工业企业内网的改造升级。围绕加快推进工业企业内网的IP化、扁平化、柔性化技术改造和建设部署，《指导意见》具体部署了三项任务：①鼓励工业企业采用时间敏感网络、软件定义网络等新型技术升级改造现有网络，优化现有生产系统网络分层次组网模式,实现工厂管理控制系统扁平化,支持柔性灵活调整;②利用工业无线等技术,建设工厂内无线网络,实现生产环节网络全覆盖,支持更灵活的生产线动态重构;③支持研究机构和企业开展工业互联网新型网络的技术研究、标准制定和试验验证;加快新型工业互联网交换机、通信模块、通信网关等关键网络设备的研制和产业化。

(3)打造工业互联网标识的解析体系。①综合考虑业务需求、网络分布、地理位置等因素,在国内外不同地区建设和部署各级标识解析节点及其镜像节点;②建设工业互联网标识解析备案、监测、应急、托管、保障、灾备等管理系统,提升管理和服务能力;③促进标识解析应用和产业发展,到2025年,力争让通过工业互联网标识解析体系进行信息查询的联网对象标识注册量超过30亿。

(4)推进工业领域全面部署IPv6。《指导意见》重点提出三方面任务:①推动工业企业开展基于IPv6的IP化网络改造,实现从整个制造系统到互联网更大范围、更深层次的互联;②加快工业企业外网络的IPv6改造升级,将IPv6作为NB-IoT等新型网络建设的必选项;③加强支持IPv6的智能工业设备、产品、通信模块的技术研发,解决工业互联网海量的终端接入问题。

二、现代服务业

1. 什么是现代服务业

所谓现代服务业是指不生产商品和货物的产业,主要包括信息、物流、金融、会计、咨询、法律服务等行业。现代服务业大体相当于现代第三产业,国家统计局在1985年《关于建立第三产业统计的报告》中将第三产业分为四个层次:

（1）流通部门，包括交通运输业、邮电通信业、商业饮食业、物资供销和仓储业等。

（2）生产和生活服务的部门，包括金融业、保险业、公用事业、居民服务业、旅游业、咨询信息服务业和各类技术服务业等。

（3）为提高科学文化水平和居民素质服务的部门，包括教育、文化、广播电视事业和科研事业、生活福利事业等。

（4）为社会公共需要服务的部门，包括国家机关、社会团体以及军队和警察等。

2."互联网+"是现代服务业的新引擎

随着科技的飞速发展，人类已经进入互联网时代，互联网也已渗透到社会的方方面面，改写和重塑着人们的思维认识，深刻地改变着人们的学习、工作和生活方式，甚至对整个社会的发展进程造成重大影响，互联网与各行各业的深度融合已是大势所趋。

互联网以惊人的发展速度颠覆着人们的生活方式，全世界的人能够不受时间和空间的限制，共享资源，让企业最大限度地节省成本，提高效率。如今，通过互联网可以随时进行信息查找与发布，进行在线交流沟通、网络购物、娱乐等消费；对于服务行业来说，互联网还是提升服务效率最好的平台。

改革开放后，我国服务业得到了快速发展，服务业占国内生产总值的比重越来越高，对整个国民经济的发展发挥着重要作用。可是，与发达国家相比，中国的服务行业还处于刚起步阶段，各种规章制度还不够完善，体系还不够健全，有很大的发展空间，为了发展成为有中国特色的现代化服务行业，互联网必然成为一股强大的助推力。

在互联网经济的大潮下，各行业将迸发出新活力，创造出更多的新业态。

为了迎合主流消费群体的消费方式，就可以创建以优质服务为理念的"为您服务"平台。借助大数据、云计算、物联网等信息技术，整合各行业优势资源，汇集餐饮、住宿、旅游、家政、婚庆、招聘等信息，打造一个中国最全面、最专业的服务平台。

当前，互联网正加速对服务业进行全面渗透。跨界融合、重塑行业格局，是现代服务业发展的新引擎。"互联网+"在现代服务业中的运用有着巨大的发展空间与潜力，满足了人们多元化的消费需求和高品质的服务体验，有着重要的社会意义。

拥抱产业互联网就是拥抱这个时代

传统企业应该怎样变革？自 2017 年以来，中国各行业都提出了这样的问题。

有人说，企业没有梦想；有人说，企业需要反思；有人说，企业创新不足；有人说，企业的架构需要调整……这些说法，有的客观，有的偏激，不可尽信。但如今很多企业已经逐渐明白，自己面临的最大问题就是内部组织架构问题，企业确实已经走到了再次转型的十字路口。如今，经过近一年时间的摸索，腾讯终于找到了这个问题的准确答案。

2018 年 9 月 30 日，腾讯启动第三次机构调整，将原有的七个事业群调整为六个事业群，其中包括两个新成立的事业群：云与智慧产业事业群（CSIG）、平台与内容事业群（PCG）。

10 月 31 日，马化腾公开发表《给合作伙伴的一封信》，信中表示：移动互联网的主战场正在从上半场的消费互联网向下半场的产业互联网方向发展，腾讯也将"扎根消费互联网，拥抱产业互联网"。

11 月 1 日，在全球合作伙伴大会上，腾讯高级执行副总裁汤道生详细阐释了两网融合发展的详细路线图。未来，腾讯将在连接人、连接数字内容、连接服务的基础上，进一步推动由消费互联网向产业互联网的升级。至此，"下半场"揭幕,新进化启动。

每一次进化,都是一场冒险。在以 TOB(面向企业用户)、2G(面向政府及公用事业用户)为主的产业互联网市场,企业能否如愿打开局面?

1. 产业互联网是企业的主航道

互联网企业为何要选择产业互联网作为主航道?答案不用过多解释,只要一句话就能概括:没有产业互联网支撑的消费互联网,只是一个空中楼阁。如果说,过去 20 年,互联网的重要进步集中在 TOC 领域,那么未来 20 年,互联网的重要发展将来自于 TOB 领域。

需要补充这样两点:

(1)产业互联网与消费互联网并不是相互孤立或对立,而是彼此关联、相互协作。产业互联网就是消费互联网与新技术的结合,将数字创新下沉到各垂直领域的生产制造、供应链等核心地带,最终与传统产业实现深度融合。这也意味着,在实际的竞争中,消费互联网的资源,可以转化为产业互联网的优势;而产业互联网的发展,也将反哺消费互联网的业务升级。

(2)正在直面变革的不只有一家企业。比如,阿里巴巴发力"五新",百度将自己的全部身家都押在了人工智能上,京东要做基础设施,美团要做 Food+Platform……不光是 BAT,这样的互联网巨头,整个互联网行业都处在一个剧烈的转型期。

如今,人口红利殆尽,流量增长放缓,移动互联网的增长黄金期已经终结,越来越趋向更激烈残酷的竞争,公司要找到一片足以承载自身持续增长的新蓝海。不管是着眼于新技术,还是着眼于新产业,甚至着眼于新市场,归根结底,都要向同一个方向奔跑。最终,从硬件到软件,从通信到互联网,从运营商到设备商,过去曾经分散在不同领域、不同环节的整个信息科技行业,都将在传统产业与互联网的深度融合过程中聚焦。

2. 传统企业拥抱互联网

今天的时代迎来一个转折点，正迈向产业互联网时代。商业的历史不是黑白的，也不是平面的，而是彩色的、立体的。今年不是去年的简单重复，我们正处于商业时代的转折点——产业互联网时代。

互联网时代不仅给传统企业带来了巨大危机感，还带来了新机遇。实时更新的互联网已经在各方面对人们的生活和消费造成影响，跟不上互联网快节奏，传统企业就可能面临淘汰；对于在互联网中运筹帷幄的传统企业，对长尾市场的覆盖，会让企业最大限度地享受增长溢价；在同种商业模式下，位居互联网下第二、第三阵营的企业则要面临客单获取成本无比高昂的局面。

"互联网+"时代，传统企业逐渐向互联网转型，国内的传统企业纷纷拥抱互联网，无论是卓有成就的大佬，还是奋力打拼的草根，大家都在齐头并进，想要做各自领域"工业化+信息化"的先驱。比如，在传统注塑企业走向互联网转型的道路上，思为客就走在了队伍的前列。

注塑成型工艺成本较低，可以大规模地进行标准化产品生产，对于传统的大批量、大规模产品制造来说，注塑成型是最佳选择，具有广阔的市场前景。就目前全球注塑机市场格局来看，欧洲、日本等制造强国仍占据高端市场，虽然我国优势企业凭借与制造强国不断缩小的技术差距，拥有了中端市场份额并逐渐向高端市场进军，但还远远不够。其实，未来仍然是客户体验的时代，市场要以客户需求为最高原则。不革新就会被淘汰，而革新绝不只是技术创新，还有经营模式、运营模式等的创新。

思为客深知这一点，已经在伺服机械手、相关注塑自动化解决方案和模内贴等领域有了深厚的技术积累。同其他传统技术型企业一样，思为客也在致力于技术的创新研发，先后完成了侧取式模内贴、上取式模内贴、侧取高速模内贴等方案的全面布局。此外，还以机械手为基础，为客户量身定做了一系列自动化解决方案，在模内埋镶件、餐具自动包装和薄壁注塑自动化领域等已经斩获了一批优质中高端客户。

为了求得新一轮的进化，思为客毅然拿下了"互联网+"的入场券，开始全面挖掘"互联网+"的商业价值，拓展产业边界的新路径。从全新升级官网到开通百度熊掌号、搜狐号等自媒体，从微信公众号、小程序再到百度智能小程序上线，通过互联网强大的引流能力，不仅能与用户分享十多年来在注塑自动化领域积累的经验成果，还能在营销和渠道拓展、产品设计等方面更加贴近消费者，为更多的客户提供优质产品和服务。

"工欲善其事，必先利其器。"对于传统企业来说，互联网运营已经成为其"利器"的过程。在互联网上，传统企业可以通过多种渠道完善自我推广，建立自己的客户基础，增强品牌忠诚度和客户黏性，形成一套新的商业模式。

企业不仅要传播自己的产品、服务和专业，还要在"互联网+"时代倾听更多来自不同客户的声音，提出更多的产品需求和更高的服务要求，帮助产品和服务不断更新迭代，帮助公司不断调整经营策略，在市场的朝夕变幻中迈向更远的未来。

第二章

进退维谷
——传统企业生存真相

重构商业
——产业互联网时代的商业模式重构

过剩:从优胜劣汰到"优剩劣汰"

狄更斯《双城记》中有言:"这是最好的时代,这是最坏的时代;这是智慧的时代,这是愚蠢的时代;这是信仰的时期,这是怀疑的时期;这是光明的季节,这是黑暗的季节;这是希望之春,这是失望之冬;人们面前有着各样事物,人们面前一无所有;人们正在直登天堂,人们正在直下地狱。"

最近几年,在互联网、移动互联网的强劲冲击下,传统产业遇到了前所未有的困难。无休止的价格大战,大面积的倒闭关停,不断出现的跑路失联……这一幕幕确实让人触目惊心。而在这些恶性结果的背后,是同质化竞争的红海,更是耗尽企业现金流的血海。

一、国家高度重视"产能过剩"

2012年后中国经济进入"新常态",增长速度不断下降,结构性的经济问题不断暴露。其中,部分行业的产能过剩已经成为国家最关注的经济问题之一。

2015年底,中央经济工作会议提出了以"去产能、去库存、去杠杆、降成本、补短板"为主要内容的供给侧改革,让治理产能过剩成为2016年中央经济建设的主要任务之一。2016年底,中央经济工作会议再一次将供给侧结构性改革作为 2017 年的主要经济任务，强调深入推进"三去一降一补"，也意味着产能过剩的治理任重道远。

2017 年 10 月，习近平总书记在中国共产党第十九次全国代表大会做的报告中提出，"十三五"期间要"坚持去产能、去库存、去杠杆、降成本、补短板，优化存量资源配置，扩大优质增量供给，实现供需动态平衡"，凸显了产能过剩治理对于中国经济健康发展的重要性。

同时，针对产能过剩问题，政府部门从 2005 年开始，多次出台专门的政策性文件。下面是 2005 年以来国务院发布的直接针对产能过剩问题的政策文件：

文件名	文件号
国务院关于发布实施《促进产业结构调整暂行规定》的决定	国发（2005）40 号
国务院关于加快推进产能过剩行业结构调整的通知	国发（2006）11 号
国务院关于印发节能减排综合性工作方案的通知	国发（2007）15 号
国务院批转发展改革委等部门关于抑制部分行业产能过剩和重复建设上导产业健康发展若干意见的通知	国发（2009）38 号
国务院关于进一步加强淘汰落后产能工作的通知	国发（2010）7 号
国务院关于化解产能严重过剩矛盾的指导意见	国发（2013）41 号
国务院关于钢铁行业化解过剩产能实现脱困发展的意见	国发（2016）6 号
国务院关于煤炭行业化解过剩弱能实现脱困发展的意见	国发（2016）7 号

产能过剩问题受到的高度重视由此可见一斑。

二、互联网时代产品过剩，企业的应对之策

什么是产能过剩？判断产能过剩最重要的指标是产能利用率。所谓产能利用率就是，实际产出与潜在产能的比例。低产能利用率意味着，实际生产的水平相对于潜在产能的比例较低，即产能相对于实际产出的过剩。当行业的整体产能利用率处于较低水平时，就意味着存在大量闲置产能，该行业整体产能过剩。

经过改革开放40多年，国内早已摆脱了生活用品匮乏的局面。现在日用品琳琅满目，简直是应有尽有；家电用品更得到了广泛普及，还在不断迭代更新。曾经记忆中的那种凭票、排队购买家电用品的日子已是一去不复返。

物质日渐丰富，产品从供不应求到任意挑选，对消费者、用户来说，都是非常幸运的。但是，对于厂家来说，产品过剩就意味着有的产品可能卖不出去。供过于求，对于厂家来说并不是什么好事情。

在产品供过于求的情况下，迫于市场竞争的压力，厂家为了在竞争中取胜，可能会采取降价的方式。这种竞争绝不是良性降价换取市场的结果，只能是杀敌一千自损八百，只能让利润渐趋菲薄，甚至亏损经营。因此，企业必须转型升级，跳出竞争的红海向差异化的蓝海进军。

1. 差异化之路

随着国内经济的高速发展，多数家电用品处于过剩状态，用户需要的已经不仅是一个产品，而是一个解决问题的方案。传统的产品技术门槛低，附加值低，但不能在传统产品上流连，必须借助互联网工具，走差异化之路。

一直以来，传统企业都专注于产品，但是在互联网时代，特别是在即将到来的5G时代，仅凭一个简单的功能，并不能满足需求。此时的消费者、用户，最在意的是居家生活的整体解决方案。而整体解决方案也不是孤立的，是建立在原有产品的升级上，为用户提供服务的解决方案。

时代已经发生改变，企业的思维、思路也要跟着变。变，是这个世界唯一不变的真理。

2. 打造好的方案

传统企业该怎么办？这是一个摆在面前的现实和棘手问题，也是转型升级面临的最大问题。如果将传统模式比作老式的绿皮列车，那么未来互联网时代的模式就是"和谐号"或"复兴号"列车。传统绿皮车使足力气，速度也就60~80千米/小时；而"和谐号"或"复兴号"，只要一加力，就能跑出300千米/小时以上的时速。可见，打造一个好的产品或解决方案，就是在造"和谐号"或"复兴号"。"和谐号"或"复兴号"，如果不含高科技，还是传统的路轨，肯定跑不到300千米/小时。互联网给高速列车铺就了轨道，有可能将速度提得更高。

互联网时代，企业要转变观念，更新思维，敢于实践，勇于试错，探索到与自己企业相适应的模式；否则，跟互联网永远都没有缘分。

转型：有一种转型是揠苗助长

近年来，推行的中小企业转型是有前提条件的，对于许多中小企业来说，硬性引入企业转型只会加速他们的死亡。随着移动互联网不断发展，中国企业必然会出现冰火两重天的局面："冰"的是传统企业黯然神伤、茫然无措；"火"的是行业巨无霸和独角兽企业。

企业转型需要顺应企业的发展情况，不能强迫，揠苗助长式的行为只能让企业的转型胎死腹中。

为什么企业转型成功率低，因为他们没有满足以下三个条件：

一、认清行业本质及规律

不同行业的本质不同，规律更是不言而喻。

1. 白酒行业

以白酒为代表的传统行业，"+互联网"似乎更为合适，因为白酒行业经过几千年的不断传承，发展至今，回归老牌名酒趋势愈加明晰。以"茅五剑"单品为例，不但没有在互联网时代受到销量下滑的冲击，还借助互联网的东风实现了反转。从目前情况来看，白酒行业本质在回归，创新的死掉了一大批，以"+互联网"为代表的创旧公司表现反倒越来越好。

2. 饮料行业

如今，大企业的日子普遍都不太好，娃哈哈的销量一再下滑，"倒宗派"的人士越来越多，原因何在？其中一个原因就是，娃哈哈的业绩表现与宗庆后对互联网时代的认识有关。与此形成反差的是，农夫山泉推出的茶π、NFC果汁等产品出现了空前的火爆，很多专家认为，这与钟睒睒符合时代的产品创新有天然的联系。饮料的本质是时尚，要想立于不败之地，就要不断地创新，满足新一代消费者的需求。

商业地产遍地开花，要想在激烈的竞争中脱颖而出，就要制定标准化的流程，要有消费趋势前瞻性，不仅要满足消费者的需求，更要通过创新引领消费者，形成新需求。

从白酒和饮料行业对比来看，白酒要尊老，饮料要爱幼。饮料行业不是没有市场，而是低品质的饮料没有市场，饮料行业全面互联网化，依然大有可为，中小企业自然也能得到超常发展。

二、认清时代

多数企业之所以没有适应互联网时代，是因为习惯了改革开放红利期的优待，在躺着就能赚得盆满钵满的30年里，多数企业在舒适的环境里生活已经习以为常。在时代变迁、环境巨变的今天，没来得及适应，还在做着怀念旧时代的春梦。

从饮料行业来看，以产品创新引领营销创新速度决定了企业的发展速度。营销创新速度的背后是互联网深入骨髓的全面改造，营销的不断创变，比如，白酒行业的进化能力背后是产供销价值链的全面改造。茅台、洋河之所以销售得好，多数还在于营销做得好。

三、不断进步

企业转型，首先是认清，其次才是行动。转型失败的企业主要分为两类：

1. 不敢转型

存量市场足够大，万一失败了怎么办？企业转型的大问题是没有否定自己以往的勇气和魄力，但从企业的成功历史可以发现，最初的成功都源于当时的勇气和魄力。在战略转型期，企业最能体现领导者的战略领导力，不仅要有眼光，还要有抓住机遇的勇气和魄力，更要有一种智慧的妥协，在改变自己的过程中寻找平衡，同时找到更合理的进攻方式。

2. 盲目转型

认为自己的行业不好做，要做新兴行业或不熟悉的、目前发展较好的行业。

新兴行业一共有两个伪命题：一是大家一哄而上，市场快速饱和，市场竞争惨烈，只有少数几个坚持到最后的才能胜出；二是政策的风口。政策的风口多数都是阶段性的，一旦政策没了，就会留下一大堆烂摊子。对于目前发展比较好的行业，盲目转型也困难重重。因此，企业转型要把握三点：把握行业本质规律、认清时代、不断进步。

在新旧交替时代，企业只有审时度势，洞悉行业本质，不断创新进步，才能走得更远更好。什么样的时代造就什么样伟大的企业，但其核心商业的本质不会变，那就是：以消费者需求为目的的产品与营销，以供应链为基础的物流与成本本质，以人性化与激励为核心的管理本质。

互联网：未来属于既懂产业又懂互联网的人

"互联网+"时代信息透明化，打破了原有信息不对称的格局，能够更好地整合资源，使资源利用最大化。"互联网+"时代，不仅需要能同时理解两个及以上行业的商业逻辑，还需要面对不同行业能够求同存异的跨行业线上线下复合型人才。

一、互联时代对复合型人才的要求

随着互联网的不断发展，各行各业尤其是以互联网为代表的公司，对复合型人才的需求越来越强烈，然而，与之相对的，是这一类人才的极度稀缺。市场对互联网人才的需求，一定是复合型的。因此，仅专精于一项技能还远远不够，还要有过硬的综合素质。

1. 较强的可转移能力

可转移能力是基于行动的一种能力，是指分析、写作、推理、管理等。在高效快捷的信息时代中，任何企业和个人都不是一成不变的，都会随着时代的变换出现潮起潮落；在这一运动过程中，每个人在自己的一生中都不可能仅从事某一种职业。在企业和行业不断更新交替的今天，个人的学习技能和个人特质必须不断更新，而要想成功地适应这一不断运动的互联网社会，人才就必须处于"运动"之中，而这种"运动"的能力就是我们所说的可转移能力。

2. 较强的应变能力

信息时代瞬息万变，企业要想在多变的世界中获得发展，就必须让人才练就一种非凡的应变能力。目前，全世界的人都在焦急地等待真正意义上的网络经济的到来。随着网络经济泡沫的减少，含金量的不断上升，我们时刻面临着更新自己知识体系的压力。对"互联网+"时代的人来说，变得慢就意味着被淘汰。由此，要让员工尽可能地获取有效信息，不断补充和完善自己，跟上信息时代的快速发展节奏。

3. 独特的业务专长

通常，看谁的社会适应能力强，很多人只会从某一个方面做出评价，其实真正适应互联网的人才应该是同时具备几种能力或素质的人，能力素质越高，适应能力越强。因此在互联网时代，仅有专业技术知识还远远不够，还要懂得互联网知识。因此，要让员工将自己的专业才能与电脑网络运用结合起来，不仅要掌握深厚的专业技术，还要将电脑和网络技术运用于专业上。

4. 较强的创新能力

创新是一个国家、一个民族获得进步的重要条件；同样，对于互联网时代的人来说，创新是赢得成功的必要保证，创新能力是每个社会公民都应该培养的能力。信息时代，各种新知识、新商机层出不穷，人才的反应能力、判断能力及对目标的执着程度也就成了企业的用人准绳，更需要在计算机、产品推销和管理工程等方面既懂理论又有实践经验的人才。

5. 与他人团结协作

信息时代，社会分工越来越细，某个工程或是某个项目通常需要若干人通力协作才能完成，因此在团结协作的过程中，必须发挥个人的主人翁意识，与他人密切配合。记住！团结协作的能力大于一切。

二、提高员工综合素养

互联网时代，企业的内部组织问题和员工构成等方面都面临一定的挑战，为了在挑战中谋求新的发展，企业就要适当地调整人力资源管理的方式，将变革进行到底。

1. 提高员工凝聚力

互联网时代，企业不能过于追逐经济发展，不能始终将企业收入放在最重要的位置上，更不能不断压榨员工为企业服务。随着时代的进步、科技的不断发展，以及人才观念的不断更新，员工和管理者之间已经不再是雇员和雇用者的关系。

随着员工的知识水平和技术能力的不断提升，员工早已成为具有一定综合性技能的群体。员工的主动性也随着能力不断增强，员工可以选择自己喜欢的工作和企业。

管理者不能站在高高在上的位置上，应该与员工站在同一水平线上，将员工看作与自己并肩作战的伙伴，让员工对企业和管理者更加信服，有效提升企业内的凝聚力和向心力。

员工团结一致，管理者就能更好地协调员工与企业、员工与客户之间的关系，通过员工的中间力量，使客户和企业达成稳定的合作关系，为企业带来更长远的获利。此外，员工的个人心理因素得到满足之后，也能更好地工作，激发出更多的创造力和动力。

2. 创新人力资源管理工具

在人力资源管理方面,要想转变过去的管理模式,就要创新管理工具。具体来说,就是要以大数据技术为工具,实现对企业人力资源数据信息的管理。在企业招聘、员工入职、绩效考核等各环节,积累大量的数据资料,从大数据技术中提取有用的信息,就能为人力资源管理决策的制定提供科学依据。同时,企业还要搭建大数据平台,借助互联网实现数据信息共享,全面了解员工的工作状态,进行数据化分析。

在平台建设的过程中,企业人力资源管理人员要重视信息资源的利用。例如,在人员培训方面,可以应用软件完成各种信息资源需求的处理,实现员工培训工作数据化分析,结合各员工需求制订有针对性的培训计划,提高企业员工的培训质量。在员工激励方面,也要实现员工激励的数据化处理,用互联网对员工受奖情况进行公示广告,对员工进行有效激励,获得更高的企业激励效率。

3. 弹性人力资源制度的建立

在现代企业的人力资源管理上,要重视互联网时代给员工心理带来的影响,不断增加人力资源管理弹性,满足员工的个性需求。具体来说,就是建立弹性人力资源管理制度,使员工的工作热情得到有效激励。

(1)在企业雇员制度建立上,可以给员工更多的自主权,实现工作任务和时间的自由分配。借助互联网,员工可以随时随地地办公;适当减少管理层次,不仅可以满足员工的个性化发展需求,也可以降低企业管理成本,让员工高效地完成工作。

(2)建立企业激励制度时,要参考员工的综合能力差异,使员工诉求与企业目标得到较好的结合。现阶段，注重自身成长规划的员工越来越多，因此企业应该以员工的职业生涯发展为导向，为员工提供创新发展平台，让员工在工作中实现自我价值和发挥专长，使员工对企业的认同感得到增强。为此，企业可以结合员工需求制定轮岗制度，为员工学习更多的知识和技能提供机会；而在员工选拔方面，更要加强与员工的沟通互动，认真履行企业与员工的约定，使员工更好地实现自我定位。

4. 改革招聘模式

招聘活动是使企业涌入新鲜血液的过程，努力发掘和使用不同类型的人才，就能保证企业的高效运转。企业进行新员工招聘的时候，可以拓宽招聘渠道，改变招聘模式，广纳贤才。移动互联网时代，招聘方式早已发生了巨大改变，不再局限于杂志、报纸等纸质媒体和传统的 PC 端，数字移动设备招聘已经成为主要的招聘方式。企业可以将招聘的要求和信息通过社交软件或招聘软件进行发布与宣传，在线获取应聘者的简历与基本信息，根据不同的要求进行层层筛选。

这样的方法，有利于人才的大范围收集，还能挖掘出更多的潜在优质人才，为企业效力；这种方式还能覆盖更大的招聘范围，产生更持久和深刻的影响，同时减少筛选应聘者的时间和流程，为应聘者提供方便。此外，企业还应引入跨界思维，认识到互联网时代企业市场环境发生的变化，在人才招聘方面突破学历、资历等方面的限制，对员工的学习能力、发展能力和综合素质等展开评估，通过数据分析，完成综合人才的选拔。

5. 内部的信息化管理

企业内部的信息化管理，重点在于以下几点：

（1）在企业内办公的时候，可以选择使用具有一定完善体系的办公用系统。这种办公系统能在公司范围内进行运作，将各部门通过互联网连接在一起。企业内部通过信息进行相互关联，部门之间的合作就会更加方便快捷，提升部门合作的质量和效率，同时为部门之间的沟通提供方便平台。

（2）进行信息化管理，可以将企业内部员工的信息整合到一定的系统内，让管理者随时查阅员工的工作状况和个人经历，经过内部员工的资料存储，为内部人员的岗位调整工作提供一定的便利，让管理者在进行员工考察的时候有更真实的参考依据。

（3）信息化的企业运作系统，在员工工作的时候减少了烦琐流程，员工不用来回走动去通知消息，不会因为疏忽而错过工作内容。再加上办公自动化的实现，员工还能得到更大的解放。减少一系列烦琐的内容，员工的注意力还能大大提高，从而有更多的精力融入工作中。尤其是对处在基层阶段的员工来说，还能让他们有更多的机会参与到企业的其他活动中，使得员工广泛地接触到企业内的不同阶层，减少信息的不对称性，保证管理中出现的问题尽早、尽快地被发现并解决，从而减少企业内部存在的某些隐藏性问题。

6. 进行员工培训与考核

企业想要在市场中拥有更强的竞争力，根本做法就是不断提升员工的能力，不断培养优秀人才，并促进员工和企业共同发展，使企业获得长久发展并保持自身的竞争优势。

（1）可以定期安排一些有意义的讲座，并通过网络征集观看讲座后的想法和意见，了解员工的真实想法。为了达成这一目标，还要加强朋友圈模式的应用，借助互联网平台为拥有共同发展目标的员工提供交流、合作平台，营造良好的企业信息交互氛围。采用该种模式，有助于企业实现与员工的无缝连接，构建有效的内部交互机制，能够有力推动企业的人力资源管理模式转型。

利用该模式进行员工培育，还能加强员工与人力资源管理部门的联系，解决人员培训过程中遇到的问题，使员工的水平得到进一步提升。

（2）企业建立一定的信息收集平台，定期发布短时间内的员工培训计划，让员工能根据个人意愿去选择进行某项培训，提升在这一方面的能力和水平。员工每经历过一次培训，就能为其在个人培训栏内登记一项有效数据，随着数据的积累，对员工实行奖励机制，就能提高员工的学习积极性和个人成就感，帮助员工学习更多的东西，从而向全能型人才不断进步。针对不同的职位，企业可以提供不同内容的培训活动，使企业的培训实现个人和企业的发展计划，为员工提供学习的机会，为企业提供更多的发展可能。

（3）企业可以使用一定的学习软件来完成上述的学习和培训。让员工注册自己的账号并进行身份认证，通过线上和线下并行的方式进行学习，不仅学习到一定的知识，还能跟其他员工进行沟通。企业可以不定期地在软件上发布学习内容，让员工在一段时间内完成学习并在软件上进行测试。

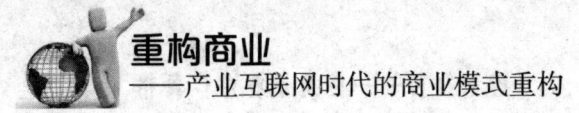

思维：先有思维突破，才有现实突破

在互联网之风的吹拂下，各行各业都掀起了革命，互联网金融、互联网农业、互联网医疗等遍地开花。

年轻人对互联网技术都异常敏感，但由于缺乏在传统行业深耕的经验，对于"+"后面部分的理解以及方法还存在致命缺陷。因此，互联网时代创业，企业要在以下几个方面转变思维：

一、跨越互联网技术门槛

PC时代，互联网创业队伍的代表，123的李兴平、美图秀秀的蔡文胜等，都是最早一批在互联网上淘金的创业者。他们的创业历程通常是这样的：首先，购买一个域名；其次，在IDC运营商那里购买一台服务器，并在服务器上架设一个文字或图片站，依靠人工和机器采集，定期更新网站内容；最后，依靠网站的广告和流量进行变现。

在以往的个人电脑时代，建造一个网站相当简单，网络上有很多源代码，只要将源代码上传到网站服务器，对网站前端页面做些简单设计，再对网站栏目和关键词稍作改动，便能做出一个属于自己的网站。而在现在，各类移动应用的复制性并不强，虽然市场上也出现了很多可以简单生产移动应用的产品，但在 APP 中还有很多个性化的应用，没有技术背景的创业者根本就无法复制 PC 时代的创业建站方法。

二、灵活多变地推广产品

PC 时代，早期创业者通过学习 SEO 技巧和关键词优化，利用搜索引擎的规则，就能通过设置文章关键词并对页面做优化，吸引大量的流量。而在移动互联网时代，每个应用都是一个信息孤岛，PC 时代的很多免费推广方法在移动互联网上全部失效，产品的推广成本大大提高。尤其是在移动互联网的发展初期，众多 APP 都要依靠手机内置和应用商店投放广告，对于没有充足资金的创业者来说，是个极大的挑战，即使企业想办法开发出自己的 APP，也无法将它推广到更多的用户手中。

互联网思维并不等于免费，必须要考虑产品如何推广，一种方法是靠口碑，但耗时比较长；一种方法是砸广告，成本则更高。其实，互联网思维和收费、免费并没有什么关系，关键是控制住成本升高的速度。快速铺货，快速建立壁垒，才是核心问题。具体到是否收费，则要根据具体情况来确定，而这也只是一种方法。

三、盈利模式的改变

移动互联网初期，很多人都希望自己在新的互联网浪潮中淘金，不少具有技术背景的创业者也试着开发 APP，并希望延续 PC 时代的盈利模式，通过流量来进行变现。不过，在投入了一段时间之后，很多创业者发现，除了没有更多的资源和能力将 APP 推广到更高的量级外，最关键的还是更小的移动屏幕，通过广告或流量变现的可能性几乎为零。而且，对于移动应用的生态来说，大量的流量都集中在微信、淘宝、微博和视频网站上，人们对于工具性APP的依赖程度非常低，致使初期的广告变现梦破碎。

四、重视产品体验

就目前的互联网创业环境来说，产品模式比 PC 时代变重。在 PC 时代，人们对于信息的需求更强烈，在互联网上创业，只要满足用户的某一项网上服务即可，而在如今的创业过程中，需要更多地结合线下部分，特别是 O2O 浪潮的兴起，更需要大量的人力来支持项目的完成。因此，创业团队必须具有大量的人力去推动线下，单打独斗的时代已经彻底结束。

移动互联网时代，人们更注重体验，企业要将每个细节都做到位，从产品设计到页面呈现，从体验到服务，都需要较高的水准；同时，为了打造出体验更好的产品，还需要更多的专业人才参与其中。

五、巧妙改变自己的玩法

互联网时代，企业的玩法已经彻底改变，早已不再是国内互联网启蒙时期，只要找到一个领域然后扎进去，几年之后便能有所收获。如今的企业运营讲究高举高打，快速领先，而不是低调潜行，小步慢跑。

现在的企业运营的主要玩法是：一边通过多轮融资以及伴随而来的各种补贴大战来建立行业门槛，一边要不断扩充自己的产品范围，通过产业链和生态链的做法，快速将自身的品牌向周边行业扩展，换取更大的市场估值。在这个过程中，即使公司面临巨额亏损，也没有关系，只要资本市场还有人相信，估值依然会随着公司的发布会而继续暴涨。

第三章

盈利模式
——企业战略的原点

众说纷纭的盈利模式

一、多种盈利模式

盈利模式是企业持续获利的要素组合及其运行方式，是其战略意图、经济逻辑和盈利方法的系统体现。简而言之，盈利模式就是企业赚钱的套路、招式、策略和方法，是通过怎样的模式和渠道来赚钱。

新经济的到来在第一时间改变了游戏规则，以客户关系和价值为基本内容的盈利模式将会在已经出现的网络经济中大行其道，企业关注的重点将是如何以更低的成本获取和利用更有效的资源，以更快的速度对市场需求做出响应，提高投入产出比。

企业的盈利模式主要有下面几种：

模式1：关系服务。所谓关系服务模式是指，通过与客户建立长期、稳定的关系，为企业带来利润。正如前面所述，客户价值是从产品价值、服务价值、品牌价值和关系价值四个方面来体现的。对真正能不断给企业带来利润贡献的客户来说，四种价值的吸引力是逐级递增的。

互联网时代，产品的同质化现象更加明显，面对被众多企业共享的客户需求信息，企业不仅要提供基本产品（服务），还要将工作重点放在客户关系的培养上，利用20%的客户为企业带来80%的利润，为企业的长期盈利创造条件。

建立关系服务的基础是，能为客户提供令其满意的产品（服务）。全球化趋势的逐渐加速，让市场变得更加透明，企业需要在全球范围内展开竞争，不能依靠建立贸易壁垒来保护利润，所以能否提供优质的产品（服务）是关系服务模式的前提。

模式2：产业标准。尚未成熟的产业，要使自己的企业标准具有先进性和可参照性，就要尽可能地使它成为产业标准，使企业处于一个极为有利的位置。互联网时代，企业的许多经营活动都将在"阳光"下进行。对参与竞争的企业来说，经营需要的多数资源都是可以共享的，已经无法依靠垄断和信息不对称来赚取利润。要想在产业的众多竞争企业中脱颖而出，就要主动抢占"制高点"，因此产业标准模式是首选的盈利模式。

在这种模式下，企业应该尽早地介入具有领先优势的创建产业标准的机会。即使目前已是产业标准制定者，也不能高枕无忧，因为新的产业标准会随时出现，企业应积极更新标准，使其保持略高于产业现状的状态。如今，计算机领域的巨头已经加入到制定网格标准的角逐中，为了在下一代网络技术标准中拔得头筹，微软、IBM等跨国巨头已经纷纷投入巨资开发网格产品。

模式3：个性挖掘。在这个宣扬个性的时代，客户的消费方式由功能消费型转向了价值消费型，对附加价值的追求在很大程度上决定着客户的目标取向。网络的出现，为满足客户个性化的需求创造了条件，在客户将个性化需求提交给网格后，企业只要对其相关信息进行收集、计算和处理，就能完成产品（服务）的加工和送达。

这种模式下企业的运行要点是：努力挖掘客户已有的和潜在的需求，提供相当的市场，让企业拥有长足发展的后劲；有了一定规模的市场需求，企业就要在最短的时间内建立壁垒，比如技术壁垒、品牌壁垒、市场壁垒等，防止后来者抢占市场。

模式4：客户解决方案。客户解决方案模式是指，针对客户问题，提出解决思路和行动计划。采取这种模式，企业先期要投下巨资，了解客户的业务特点，让客户更加青睐自己；然后，设计出能适合客户业务需求的产品（服务）。网络是连接各种资源的纽带，实现了企业专长和客户需求端到端的连接，能够让企业真正融入到客户的日常活动中。

网络时代，企业已经不再局限于及时了解和解决客户的需求，在某种程度上，甚至能从客户的角度出发，为客户创造出连他们自己都未曾感知到的需求。

模式5：数据处理。数据处理模式是指，运用数字技术，为客户设计新型价值理念，提供解决方案，发现、创造并获得利润。数据处理模式的意义在于：一方面，能够为企业降低运作成本，提高工作的效率和准确性；另一方面，能够为企业搭建一个更大、更广的竞争平台。不同于企业资源规划和企业资源再造，这种模式关注的不仅仅是企业自身所在的产业价值链，还能通过自己强大的数据处理能力，为处于不同产业中的企业提供服务。

这种模式需要有强大的数据库作为支撑，所以，建立完备的数据库是采用该模式的首要工作。同时，由于需要面对的客户来自不同地域、不同文化、不同产业，所以数据的处理过程和处理结果不仅要突出人性化，还要保持友好的界面。此外，更要保持数据库的及时更新，努力实现数据处理技术的及时升级。

模式6：成本占优。成本占优模式是指，整合价值链，利用低成本优势，为客户提供价值。这是传统经济中一种非常有效的战略选择。虽然利用网络技术，我们足不出户就能尽知天下事，但人们赖以生存的基础依然来自农业和制造业提供的物质产品，信息技术只是提高生产率的一种有力工具。

经过几十年的不懈追求，在以农业和制造业为主的传统产业中，人类通过全面质量管理、精益生产、资源重整等手段，极大地降低了成本、提高了劳动生产率。在未来的网络计算方式下，成本占优模式依然是许多企业选择的主要盈利模式。网络在资源共享方面的杰出表现，为企业大幅度削减成本提供了有力的技术支持。

模式7：中转站。中转站模式是指，为帮助社会组织实现三大流（物资流、资金流、信息流）的快速、高效运转而提供服务的盈利模式。市场中存在很多社会团体、企业组织与个人之间的交易行为，沟通和信息的不对称，提高了双方的交易成本。为了解决这个问题，于是出现了一种高附加值的中介业务。

这种业务的作用类似于中转站，具体功能是：在不同的交易方之间搭建一个沟通渠道或交易平台。如此，不仅有利于降低买卖双方的交易成本，还能让提供中介业务的企业得到较高的回报。

中转站模式是网络时代的一种重要盈利模式，该模式的重要功能体现在中转本身，参与交易的主体越多，平台就越有价值。随着交易量的不断增加，企业的运行成本和交易成本必然会持续降低，即使对每笔交易少量收费，也会带来可观的利润。

模式8：速度领先。速度领先模式是指，保持比竞争对手更快的速度，对客户需求做出反应。在许多产业中，创新速度高于产业平均水平的企业，总可以保持先行者优势，获得超额利润。网络为竞争企业提供了一个共同平台，该种模式能否成功，关键还在于企业能否及时利用网络资源，创造财富。企业要拥有良好的市场"嗅觉"，准确把握客户未来的需求。

二、盈利模式的利润构成

盈利模式关注的核心问题主要有这几个：目标客户是谁，向目标客户提供什么价值，通过什么样的商业模式提供这些价值，如何保持这些优势。这四个问题，可以被分解为六大利润构成。

1. 客户价值，即利润点

客户价值是企业向目标客户提供的可以获得利润的产品和服务，是客户价值最大化与企业价值最大化的载体。客户价值是一个商业交换概念，意思是企业的价值是由客户决定的，而不是由企业决定的。也就是说，客户价值是站在用户角度上来说的，客户价值是用户对企业提供的产品或服务认同并愿意支付的价值。如果用户愿意支付的价值超过企业提供产品或服务花费的成本，客户就能为企业创造盈利。实现客户价值的方法一共有两个：一是产品或服务的差别化，即通过产品或服务的差异化，满足客户的价值需求。二是实施低成本策略。在不降低客户价值的情况下，降低客户对产品或服务的使用成本。

2. 价值链活动，即利润杠杆

价值链活动是指企业生产产品或服务，以及吸引客户购买和使用企业产品或服务的一系列业务活动，反映了企业的部分投入。

根据波特的价值链管理理论，价值链上的相关活动可以分为五类基本活动和四类辅助活动。

（1）基本活动。包括进货后勤、生产经营、发货后勤、市场营销和市场服务五种活动，与产品或服务从投入到产出的整个过程的联系最为紧密，且直接面对客户，可以实现价值的增值，属于增值性活动。

（2）辅助活动。包括企业的基础设施建设、基础设施采购、人力资源管理和技术开发，这四项辅助活动不会直接面向客户，不会创造价值增值，却是基本活动不可或缺的。价值链管理的目的是尽可能地削减辅助活动，降低成本，增加客户价值。需要注意的是，价值链不仅指上述活动，还指企业必须与供应商、客户实现合作，构造一个关于价值链的系统。

3. 目标客户，即利润源

目标客户指的是企业的目标市场，即企业商品或服务的消费群体，是企业利润的源泉。不管企业的实力有多强，都不可能满足所有用户的所有需求。因此，企业要根据消费者的需求差异，把消费者划分为若干范围，然后决定向哪些客户提供价值服务。确定目标市场的目的是，锁定能为企业带来盈利的特定客户。确定目标市场后，企业还要确定：为了满足目标客户的价值需求，企业应该提供哪些产品或服务。

4. 获得利润的方式，即利润通道

获得利润的方式是指企业获得利润的方式和途径，即是对利润源、利润点、利润杠杆、利润屏蔽等获取要素整合的方式。利润通道在企业价值链中起着节点的作用，反映了信息、产品、服务、资金的配合及其流向。

5. 企业的核心竞争力，即利润屏障

企业的核心竞争力是指企业为防止竞争者掠夺本企业的利润而采取的防范措施，表现为企业投入，与利润杠杆相同，但利润杠杆是撬动企业利润为我所有，而利润屏障是保护企业利润不为他人所动。

6. 商业活动，即利润组织

商业活动是企业商务活动的组织形式，企业通过特定的组织形式将有价值的商务结构和业务结构加以固化，在组织内部确认利润，保证企业盈利模式的稳定性。

这六大利润构成，是构建一个合格的盈利模式必不可少的几个环节，更是企业构想接下来 3~5 年乃至 10~20 年的发展布局必须完成的任务点。

第三章
盈利模式——企业战略的原点

模式是病根，也是最好的药

一、商业模式的创新

"互联网+"企业的四大落地系统是商业模式、管理模式、生产模式、营销模式，其中最核心的就是商业模式的互联网化，即利用互联网精神（平等、开放、协作、分享）来颠覆和重构整个商业价值链。

目前来看，商业模式的创新主要有六种模式。

1. 跨界

马云曾经说过一句很任性的话："如果银行不改变，我们就改变银行。"于是，就出现了余额宝。余额宝一推出，规模就接近 3000 亿；而孟醒（雕爷）不仅做了牛腩，还做了烤串、下午茶、煎饼，甚至进军了美甲；小米做了手机，做了电视，做了农业，还要做汽车、智能家居。互联网为什么能够迅速地颠覆传统行业呢？从本质上来说，互联网的颠覆就是利用高效率来整合低效率，对传统产业核心要素的再分配，即生产关系的重构，并以此来提升整体系统效率。互联网企业减少中间环节，能够减少所有渠道不必要的损耗，减少产品从生产到进入用户手中所需要经历的环节，提高效率，降低成本。因此，对于企业来说，只要抓住传统行业价值链条中的低效或高利润环节，利用互联网

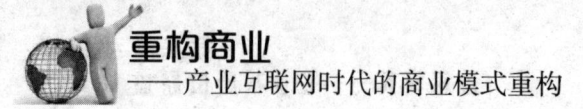

工具和互联网思维，重新构建商业价值链，就能获得成功的机会。

2. 免费

"互联网+"时代信息高度过剩，注意力高度稀缺，怎样在无限的信息中获取有限的注意力，也就成了"互联网+"时代的核心命题。注意力稀缺，导致众多企业开始想办法去争夺注意力资源，而互联网产品最重要的就是流量，有了流量才能以此为基础构建自己的商业模式。由此可见，互联网经济就是以吸引大众注意力为基础去创造价值，然后转化为利润。现实中，很多企业都以免费、好的产品来吸引用户，然后将新产品或服务传递给不同的用户，重新构建商业模式，比如QQ用户等。互联网颠覆传统企业的常用打法就是，在传统企业用来赚钱的领域实行免费，彻底把传统企业的客户群带走，转化成流量，再利用延伸价值链或增值服务来实现盈利。

3. 平台

平台型商业模式的核心是打造足够大的平台，让产品更为多元化和多样化，这种模式更重视用户体验和产品的闭环设计。笔者对平台型企业的理解就是，利用互联网平台，可以将企业发展壮大。原因有二：一是该平台是开放的，可以将全球的各种资源整合到一起；二是该平台可以让所有的用户参与进来，实现企业和用户之间的零距离。互联网时代，用户的需求变化越来越快，越来越难以捉摸，仅靠企业自身拥有的资源、人才和能力，一般都很难快速满足用户的个性化需求，因此为了满足用户的个性化需求，必须打开企业的边界，建立一个更大的商业生态网络，通过平台以最快的速度汇聚资源。

4. 工具+社群+电商

互联网的发展，使信息交流越来越便捷，志同道合的人更容易聚在一起，形成社群。同时，互联网将散落在各地的零星分散需求聚拢在一个平台上，形成了新的共同需求，并形成了规模，解决了重聚的价值。互联网催熟了新的商业模式，即"工具+社群+电商/微商"的混合模式。比如，微信最开始只是一个社交工具，先通过各自工具属性（社交属性、价值内容）的核心功能过滤到海量目标用户，加入了朋友圈的点赞与评论等社区功能；之后，添加了微信支付、精选商品、电影票、手机话费充值等商业功能。

5. 长尾

长尾概念由克里斯·安德森提出，该概念描述了媒体行业从面向大量用户销售少数拳头产品，到销售庞大数量的利基产品的转变。虽然每种利基产品只能产生小额销售量，但利基产品销售总额，可以与传统面向大量用户销售少数拳头产品的销售模式媲美。通过 C2B 实现大规模个性化定制，核心是"多款少量"，所以，长尾模式需要低库存成本和强大的平台，同时还要让兴趣买家更容易获得利基产品。

6. O2O

O2O 是"Online To Offline"的英文简称。O2O 狭义来理解就是线上交易、线下体验消费的商务模式，主要包括两种场景：一是线上到线下，用户在线上购买或预订服务，再到线下商户实地享受服务，目前这种类型比较多；二是线下到线上，用户在线下实体店体验并选好商品，然后在线上下单来购买商品。

二、移动互联网时代，影响产业盈利的要素

在移动互联网的大时代浪潮中，不清楚地了解移动互联网的盈利模式，在试水移动互联网的过程中，就可能被掀翻在时代的大潮里。移动互联网能否持续、健康、长久地发展下去，还需要盈利模式做支撑，因此，了解影响移动互联盈利模式的关键要素，就显得尤为重要。

总体来说，影响移动互联网盈利模式的要素主要有这样五个：

1. 用户规模和消费习惯

在移动互联网时代，企业盈利的前提是必须得有人愿意付费，且这些愿意付费的人还能形成庞大的用户群体。没有这个前提，盈利也就无从谈起。放眼中国的传统企业，能够最终做大做强的，无不拥有坚实的用户靠山，比如腾讯。

腾讯是我国最大的互联网企业，其成功之处就在于，通过免费模式扩大了QQ用户规模。今天，腾讯QQ用户数以十亿计，旗下的QQ号码、电子邮箱等都已经成为人们日常生活中的重要联系方式。

依靠这些优势，腾讯已经顺利地在客户端建立起了垄断地位，为之后的多元盈利模式铺平了道路。正是因为有了这个平台，腾讯旗下各类产品的推广和发布才能水到渠成，让诸多的互联网增值服务、移动及通信增值服务和网络广告等业务，都取得了不俗的业绩。

除了用户规模大小，还要考虑的一个问题是，用户的消费习惯，即用户是否愿意为你的产品付费。举个简单的例子，过去人们在路边停车，从来都不用付费，可是有一天路边忽然画出了停车位，开始收费，很多人可能就觉得接受不了。

通常，用户会在什么情况下主动付费呢？大体有这样几种情况：

（1）人们早已经习惯的收费项目。比如，水电费、电话费、上网费等。这些领域往往具备成熟的收费渠道和配套完善的服务，人们在享受服务的同时付出相应的费用，比较容易接受。

（2）能够改变生活的产品。比如，移动电子设备，以及一些应用软件等。

（3）定制化的服务。针对个人的产品，最容易赢得用户的青睐，否则，只能被人们"一扫"而过。

基于这几点,在研究影响移动互联网的盈利模式关键要素时,在对待用户这一环节,就不能只考虑规模,更应该考虑习惯。

培养用户付费习惯和使用习惯并不是一朝一夕的,用户习惯的养成也需要经过一个漫长的过程。移动互联网时代,想要培养用户的付费习惯,可以从下面几点着手:一是为用户提供个性化的产品或者服务;二是需要网络和终端走向成熟,为用户提供更优质的上网体验;三是降低上网资费标准。

2. 流量

在互联网上有这样一句话:"流量聚集之处,金钱必将如影随形。"这句话揭示了流量对于互联网企业发展的重要性,也点明了流量在盈利模式中的重要地位。任何一个互联网产品,只要用户数量达到一定程度,就能带来质变,创造出巨大的商业价值。比如,QQ,没有当初免费使用的坚持,也不可能有今天的企鹅帝国。再如,微信,离开了大量的流量支撑,微信也不可能在多个领域全面开花。互联网时代,企业只有先把流量做上去,才有更多的机会去考虑今后的出路,否则就很难在市场竞争中生存下去。

3. 模仿

在盈利模式并不清晰的时期,模仿跟进无疑是最直接的选择。比如,苹果APP Store的成功就吸引了大量的手机终端厂商、电信运营商以及互联网企业的纷纷跟进……当然,这种模仿不仅局限在业务上,在盈利模式上很多企业也奉行"拿来主义"。此外,这种模仿也不一定适合所有的企业,不同的企业在盈利模式创新上也会有所差别。比如,社交网站可能依赖于互联网增值服务,视频网站可能依赖于广告以及付费业务,而电子商务网站可能依赖于广告推广以及相关服务业务。

4. 竞争

竞争是社会进步的催化剂，对于盈利模式而言同样如此。如果某个领域竞争并不激烈，其竞争模式一般也会比较单一。但是，单一的盈利模式在移动互联网市场环境中并不适用。因为，在移动互联的大背景下，内容提供者有很多，各种以增强用户体验为口号的产品层出不穷。面对激烈的市场竞争，固守成规，就无法在移动互联网的大时代浪潮中自由遨游，所以创新盈利模式也就成了众企业需要解决的首要问题。

5. 质量

好的产品自己会说话，而好的产品往往也能创造出巨大的商业价值。在中国互联网的历史上，那些有所成就的企业一般都专注于某个业务开发，并致力于将这个领域做得最好。比如，优酷、阿里巴巴、奇虎360、百度、京东商城等网站。移动互联网是个机会，能否把握住这个机会，不仅要依靠有效的盈利模式，更要依靠叫好又叫座的商品。

商业模式与盈利模式的重心

一、商业模式的重心

商业模式是商业中最精彩、最奇妙、会给人带来很多惊喜的东西。商业模式无所不在,不管公司大小如何,只要是一个商业组织,都有自己的商业模式。对商业模式最基础的定义就是,你的这门生意是怎么赚钱的。用比较系统和相对复杂的方式来定义,商业模式一共包含:创造价值、传递价值、收获价值三部分的内容。

1. 创造价值

商业存在的目的是生产出对用户有价值的东西,为特定的用户群创造价值。企业在创新自己的商业模式时,要考虑的第一个问题就是,如何满足目标用户群的需求。但是,用户需求一般都很难创造,只能用更好的方式去满足人们已经存在的需求。

2. 传递价值

价值创造出来以后,需要考虑的内容就是如何把价值传递给用户,让更多的用户认识到产品或服务的价值所在。在这个过程中,可以用多种方式,比如,直销、渠道、online marketing,包括内容营销。

3. 收获价值

收获价值,就是作为一个商业组织的存在最终如何能够形成对自己有效的价值。这里,考验的就是企业的内在功力。因此,在企业内部的运营、人员组织的效率等方面,都是收获价值的内涵。提高获取价值的方式主要是用品牌带来的稀缺性,在定价上使用户没有讨价还价的余地。用户把他认为有价值的东西跟你的产品和服务来交换,看他是否认为性价比足够高。而且对于用户来说,时间成本更有价值,如果他愿意拿自己的时间成本跟你交换 APP,就说明他认可你的商品。

二、盈利模式的重心

从本质上来说,盈利模式就是遵循市场化准则,在更广更深更高的层次上实现资源的优化配置,最终达到"人尽其才,物尽其用",企业"乐其事,若水之趋下,日夜无休时,不召而自来"的理想效果。

1. 盈利模式的科学性和艺术性

科学性体现在设计,艺术性体现在实施的时间空间维度的动态组合。企业经营过程中,并不存在单一的盈利模式,只存在多种机会和可选项,我们要做的就是把它们都找出来,进行科学组合。同时,要根据盈利模式实施策略制定相匹配的管理模式,建立激励约束机制,进行情景模拟演练,动态地、适时地调整关键要素;还要密切关注市场变化,建立盈利模式备选和更新方案,实现企业持续的盈利和健康发展。

2. 构建供应链平台

良好的生态是个体存活的条件和基础,不仅需要每个个体分享,还要依靠所有个体共建。这里"个体"指的是,小到每个细胞企业,大到生物群落,也就是企业集群。在商业活动过程中，企业要拿出自己的长板业务，诚信经营，构建生态的命运共同体。只有不断审视、创新盈利模式，企业才能立于不败之地，并促进社会进步和消费质量的不断提高。

3. 盈利模式的生命力是创新

达尔文说："能够生存下来的物种，并不是那些最强壮的，也不是那些最聪明的，而是那些对变化做出快速反应的。"盈利模式的创新是企业商业成功的关键力量，创新就是要发现生产条件和生产要素的新组合，推动各行业的跨界融合，找到新的实现方式。只有不断创新商业模式，企业才能立于不败之地，达到事半功倍的效果。

4. 格局决定盈利空间

盈利模式的外在表象是资源要素的组合和运行方式，从本质上来说，是企业家的战略选择、风险偏好的集中呈现。企业必须以人为本，坚持"共享、共生、共赢、共同进步"的理念，努力创新制度和商业模式，大力引进和运用知识资本，推动知识和资本来改变企业现状，创造更多价值。

5. 盈利模式的动力是人

全方位满足人的需求是盈利模式的价值。一方面盈利模式要借助产品和服务载体连接，满足消费者不同层次的需求；另一方面要加大对员工的关怀，激发员工的创新创业动力，孕育新的盈利模式。商业成功的起点和归宿，是向更多要素、更多方向、更深层次延展的驱动力。

速度，速度，还是速度

在许多产业中，只要创新速度高于产业平均水平的企业，就能保持先行者优势，获得超额利润。

互联网为众多竞争企业提供了一个共同的平台，能否成功，关键还在于企业能否及时利用互联网资源，创造财富。在这种模式下，企业要拥有良好的市场嗅觉，准确把握客户未来的需求。

要想经营管理好一家企业，尤其是民营企业，除了经营者本身应具备的能力外，还要把握机遇。综观众多企业的沉浮变迁，优秀的企业家都会将发展机遇视为企业的生命线，在实践中不断学习、探索、总结，吸取经验，把握机遇，创造机遇，使企业在市场大潮中迎风破浪，从小到大，从大到强，乃至成为行业翘楚；相反，没有把握好同等机遇的企业，就不会分析把握规律性的东西，仅凭自身的胆略、雄心甚至野心，就没那么幸运了，最终只能被市场经济所淘汰。如此，不仅经营者会后悔莫及，还会给政府增加负担，给社会带来不稳定因素。

企业经营者责任重大，经营企业是一把双刃剑，如果把企业比作一个人，机遇就能为他提供基本的生存条件、帮助他自我成长，可以使他实现价值，梦想成真。既然如此，该如何把握机遇呢？

1. 把握市场发展机遇

市场经济是有规律的,"螺旋式"和"波浪式"发展是两种表现方式。具体来说就是,企业在发展过程中,不可能永远一帆风顺,总会遇到各种风险,既有外部的,比如,当前中美贸易摩擦的风险等;又有内部的,比如,自身的行业、市场、产品等风险。

要想转危为安,就要承认市场经济下风险的客观性,既不要回避,又要认真分析面对。比如,在产品定位上,如果是朝阳产业,就要分析市场需求的成熟度;如果是成熟产业的产品,就要分析企业和产品在市场中的匹配度;如果是夕阳产业,就要分析产品生命周期。但无论是朝阳期还是成熟期,都要重视质量、资金和产能等。

2. 把握管理机遇

管理是一门科学,要面对来自五湖四海的员工,他们年龄不一、文化程度不一、认知不一、技能不一、追求不一,把独立分散的企业员工管理成规范统一的团队,确实需要费一番苦心。

经营者不仅要有系统的管理理念,还要具备协调一致的管理能力和水平。没有一个完整的管理体系,企业就发挥不了应有的作用,必然会成为一盘散沙。企业决策者在管理中发挥着主导作用,不仅要具备管理理念,更要用对人、用好人;既要做到激励鞭策,又要做到用人不疑、疑人不用。

3. 把握人才机遇

科技的进步离不开人才,国家的发展离不开人才,同样的,企业的兴旺更离不开人才。对企业来说,人才的含义很广,产品的开发人员是人才,流水线的管理人员是人才,出色的销售人员是人才,一线的技术工人是人才……同样,一个好的企业经营者更是人才,且是牵头抓总的人才。经营者要建立一个才尽其用的企业或部门，带领团队，围绕发展目标，提高工作效率，创新多种模式，既相互竞争，又传帮带，形成一个人才辈出的良性局面。

4. 把握政策机遇

如今，中央、省、市、自治区已经出台了一系列扶持企业发展的政策，包括土地、融资、补助、奖励、产业导向等。这些扶持政策是市场、产业、模式、业态、产品的方向标，经营者不仅要具备对周期性政策理解把握的能力，还要借船出海，选择符合政策导向的项目、产业、模式、业态和产品，不能随心所欲、盲目投资。反之，政策不鼓励的投资项目，在建的、已建的或扩大再生产的，都可能进入死胡同，应尽快调整经营投资布局。

5. 把握诚信机遇

诚信看起来不起眼，却是为人之本。只要能打出"诚信"品牌，也就迈出了成功的第一步，办企业更是如此。对企业来说，要想守住诚信，就要做到下面两点：一是要真诚地对待每一个人，让自己成为一个可以信赖的人；二是要懂得虚伪是真诚的大敌，与人打交道，要讲究"诚"字。总之，守住诚信，对企业来说，也是一个成事的机遇。

变革中的盈利模式

信息化时代，企业如何创新和变革盈利模式？

1. 创新产品

产品创新源于市场需求，源于市场对企业的产品技术需求。技术创新活动必须以市场需求为出发点，明确产品技术的研究方向，通过技术创新活动，创造出适合这一需求的适销产品，使市场需求得以满足。在现实的企业中，产品创新处于技术、需求两维之中，根据本行业、本企业的特点，将市场需求和本企业的技术能力进行匹配，就能找到风险、收益的最佳结合点。

摩贝网是中国专业的手机门户，主要为用户提供免费手机游戏、手机软件、手机铃声、手机图片、手机主题、手机电子书、手机电影、手机资讯、权威手机评测等信息，是火爆的手机互动平台。

摩贝网有一群手机狂热者，本着友爱、无私、热心、互助、尊重的精神，志同道合，为手机使用者提供更专业、更直接、更有效、更快捷的帮助。

2. 创新思维

创新思维的本质在于将创新意识的感性愿望提升到理性的探索上，实现创新活动由感性认识到理性思考的飞跃。创新思维是指用新颖独创的方法解决问题。通过这种思维，能突破常规思维的界限，以超常规甚至反常规的方法、视角去思考问题，提出与众不同的解决方案，产生新颖的、独到的、有社会意义的思维成果。在这一点上做得比较好的，当数优服网。

2015年，利用互联网技术建立了在线式工程安装及维修售后服务交易平台——优服网，通过优服网在线认证的方式，整合了全国各地的智能化弱电专业工程师资源，进行统一的、规范的管理。

典型的业务流程是：首先，企业通过优服网官方网站或微信公众号提交订单，给平台付款；其次，平台指派工程师接单；再次，为客户提供上门服务；最后，企业确认服务完成，平台向工程师支付服务费。

企业级的IT服务对服务质量的要求极高，为了满足这个需要，首先，优服网对全流程实施严格的质量管控，比如，在资源端提高准入门槛，制定了严格的工程师考核制度。接单工程师通过严格的面试、培训、认证、考核、试单，才能成为接单工程师。其次，建立标准化的服务流程，对全过程进行跟踪记录。

如此，就大大降低了企业服务的成本。目前，优服网平台上经过认证审核的IT专业工程师人数有5000多人，实现了网络、主机、系统以及安全技术领域的品牌全覆盖，为全国省会城市提供了周到的服务。

3. 创新技术

技术创新是从产生新产品或新工艺的设想到市场应用的完整过程，包括：新设想的产生、研究、开发、商业化生产到扩散等一系列活动，本质上是一个科技、经济一体化过程，是技术进步与应用创新共同作用催生的产物，包括技术开发和技术应用这两大环节。典型案例是工品汇。

工品汇采取"互联网+MRO"的商业模式，用技术打造中国最大MRO电商平台，满足了中小企业客户的工业品采购的需求。

MRO，是英文"Maintenance、Repair and Operations"三个词的缩写，指企业对自己的设施、设备进行保养、维修，保证运行需要的非生产性物料。在MRO行业，工业类产品分为8大类：电气工程、工具、劳保、办公住宅清洁用品、测量设备、机械部件等，产品种类众多，专业性极强。

工品汇的定位非常明确，主要为中小型企业提供服务。这类客户群体庞大，对产品线、价格、货期和服务的要求都很高。在工品汇平台上，用户不仅能进行多品类、低价格的工业品采购，还可以智能选型、面价查询。用户在平台上获取了优质的消费体验，销量自然能得到极大提高。

工品汇上游对接一线厂商，下游对接零售商，把需求汇总在一起，集中推送到上游。通过集采后提供给客户的商品，通常比批发市场便宜10%～20%。按照这种采购模式，工品汇不仅杜绝了假货，还提高了供应链效率，降低了成本，成功地解决了传统工业品企业采购的问题。

4. 创新理念

所谓理念创新就是革除旧有的既定看法和思维模式，以新的视角、新的方法和新的思维模式，形成新的结论或思想观点，指导新的实践的过程。理念创新产生于客观的实际需要和可能，根植于客观实际。没有客观实际需要的理念创新，没有任何意义；没有客观实际可能的理念创新，只能是异想天开。

5. 创新战略

战略以未来为主导，与环境相联系，以现实为基础，对企业发展进行策划和规划，研究的是企业的明天。创新是一个过程，企业的发展过程就是不断创新的过程。创新还是一种较量，要围绕着种种不利于企业成长的环境进行创新。创新也是一种挑战，能够推动企业不断成长壮大。

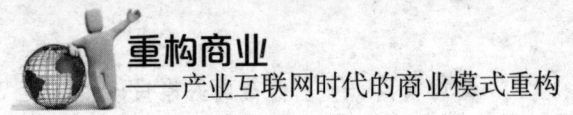

总之,创新是高新技术产业的灵魂,是企业竞争取胜的法宝。企业要以开放的姿态积极参与竞争,在竞争中创新,在创新中取胜。这里的开放,不仅是指社会开放,更重要的是心灵的开放。

第四章

模式变革
——新时代，新商业，新玩法

衰落的模式，变异的基因

商业模式是企业创造价值的内在逻辑及其基因结构，是企业资源与能力的系统性、结构性安排，其竞争力来自于其独特的基因结构及其背后的资源与能力结构。

根据"七维商业模式"理论，任何一个商业模式都是由七个基因构成：价值需求基因、价值载体基因、价值传递基因、价值创造基因、价值选择基因、价值驱动基因、价值保护基因。商业模式的每一个基因都具有不可替代的功能，七个基因共同构成了完整的、可持续为用户创造稀缺价值的循环系统，也就是我们常说的商业模式闭环。

研究商业模式，有助于经营者掌握商业模式制胜，有利于设计可以跳跃式增长的可持续的商业模式。成功的商业模式都不约而同地遵循了四个基本法则：进入高利润区、消除"致命短板"、占领产业制高点、超越用户价值。而失败的商业模式也大多在一个或多个方面背离了上述法则。

1. 进入高利润区

要想实现商业模式的成功，就要进入高利润区，并在那里持续经营，解决客户的痛中之痛，为客户创造不可替代的价值，同时实现企业的价值。形象地说，利润区是商业模式赖以生存的土壤，利润区直接影响着企业所要从事的产业、产品以及所包含的业务环节方面的决策，同时这些决策还决定着企业的利润空间和发展空间。

企业选择什么行业，或者在行业价值链上选择哪个环节去经营，本质上都是为了给商业模式寻找最适宜的、利润最丰厚的发展空间。利润区在很大程度上决定了企业的平均获利空间，是商业模式不可或缺的环境因素和方向性因素。

高利润区一般都隐藏在既是产业瓶颈又是产业发展趋势的交集区域，阿里巴巴、淘宝、支付宝、蚂蚁金服等之所以进入了高利润区，原因就在于它们一方面发现了产业发展的瓶颈问题，一方面发现了解决这一问题对于产业健康发展的重要性。

企业进入新的高利润区，能够在某种程度上改变本企业的商业模式，成功企业多数都会形成对过去成功模式的路径依赖。要想突破已经处于"舒适区"的商业模式，需要具备壮士断腕的勇气，只有伟大的公司才敢否定自身创造的既有模式，向新的高利润区挺进，创造出新的S形增长曲线。

企业找到并进入高利润区，在那里持续经营，就能制胜商业模式，这就是"高利润区法则"。

2. 消除"致命短板"

构建完整的商业模式闭环，消除商业模式基因中的"致命短板"，就是"闭环法则"，或"致命短板法则"。成功的商业模式一般都具有完整的商业逻辑，具有健全的"七个基因"，且每一个基因都不能成为致命短板，这七个健康的基因一起构成了完整的商业模式的闭环。

现在学术界和企业界谈"闭环"的很多，但多数都对闭环的具体内容不明就里。其实，所谓的闭环就是商业模式七个基因所形成的完整的价值创造循环系统。以五分制来对商业模式各个基因的健康程度加以评价,成功商业模式的每一基因都要达到三分以上,即处于行业平均水平以上;如果某个基因低于行业平均水准,这一基因就会成为商业模式的致命短板。

商业模式的致命短板,不仅会严重影响商业模式创造价值的能力,成为商业模式闭环中的瓶颈基因,还会让整个企业都可能成为"致命短板"基因的殉葬品。

商业模式要想获得持续成功,其每一个基因都不能出现"致命短板",这是商业模式制胜的"闭环法则"和"致命短板法则"。

需要澄清的是,商业模式不能出现"致命短板",并不是说商业模式不允许存在"短板"。任何企业都存在短板,不区分"短板"和"致命短板"的概念,只能混淆了二者的关系,导致企业不断地寻找经营上的短板,把弥补短板作为所有工作的重点,把资源与能力投入在不断修补"短板"上,使企业变得平庸。

3. 占领产业制高点

按照传统的经营管理理论,衡量一个企业成功的标准是什么?是市场占有率、市场领导地位、利润规模与利润率?还是品牌知名度和美誉度、企业价值或者具有吸引力的企业文化?都是,也都不是。因为这些指标都是结果性指标。也就是说,你做得对不对、好不好,在没出结果之前,一切都难以预测。这样的指标对评价企业经营管理效果也许有一定价值,但无法指导企业设计、创新、完善自身商业模式,甚至还有可能起到反作用。

企业连自己想要构建什么样的商业模式都不明了,追求产品市场占有率、利润率、管理效率、品牌美誉度和知名度,就会误入歧途。成功的商业模式与那些落败的商业模式相比,一个最突出的特征就是,在一个或多个基因上获得绝对优势或保持领先，在一个或者多个领域占领产业制高点。

这就是"制高点法则"。该法则不仅体现在每一个成功的商业模式中，在自然界和社会生活等各方面都随处可见；这一法则不仅适用于对商业模式的分析与评价，也适用于许多自然与社会领域。

4. 超越用户价值

一个成功的商业模式，不仅要为用户创造价值，还要实现用户价值、社会价值与企业价值的和谐统一。为用户创造不可替代的稀缺价值是设计商业模式的起点，但是可持续的商业模式仅为用户创造价值还远远不够，商业模式不仅要为用户创造价值，还要实现企业的价值增值，同时具有造福社会的价值。因此，经济价值是商业模式的终点，社会价值是商业模式的保障。

用户价值的重要性显而易见，企业盲目追求商业模式的独特性，忽视甚至无视商业模式的用户价值，只能让商业模式陷入困境。不能为用户创造价值的商业模式，即使受到资本的追捧，终归都会昙花一现，遭到社会唾弃。

可以微创新,就不必硬颠覆

商业模式的构成涵盖了企业的市场定位、价值主张、价值链和关键成功要素等主要内容。因此,从商业模式的角度来看,"微创新"的内容应当涉及企业的客户需求、价值主张设计、价值链等各个实施环节;强化成功要素涉及关键活动的各个环节,包括企业价值创造全过程各环节的微小创新活动。

具体来说,这些环节的"微创新"活动,既包括了解掌握客户需求、挖掘价值主张环节的"微创新"活动,以及产品设计开发环节的"微创新"活动,也包括产品生产、产品营销、产品交付、后续产品体验及各个相关活动层面的微小创新,还包括企业生产经营活动中天天在进行的持续改进活动。

从成功企业的创新实践来看,企业的"微创新"不能局限在企业价值链的某个环节,创新举动应当是全价值链、全过程的。在这方面,国外的标杆性企业比较多,比如,苹果公司、丰田汽车、西南航空、ZARA 服装等,国内企业中值得借鉴的企业有海尔电器和海底捞火锅等。

苹果公司 iPhone 的开发和受到热捧,就是从客户需求挖掘环节对"微创新"成功的一个精彩演绎。当各大公司在"手机概念"圈子里执着地关注硬件、外形等功能的时候,苹果公司一直关注的是:客户还有哪些需要没被关注?

第四章
模式变革——新时代，新商业，新玩法

无独有偶。

在海尔电器，"微创新"活动贯穿了挖掘市场、客户需求和价值创造的全过程。比如，在市场需求定位环节，从挖掘客户细微需求的角度，提升了洗衣机的创新功能，提升了产品在客户心中的议价能力；在产品制造、供应环节，通过模块化、精益化的制造创新，减少了生产成本、物流成本，提升了企业的盈利空间；在售后服务环节，通过各种精细化服务、独特创新服务，以较小的成本换取了客户的依赖感和黏性。

简单来说，商业模式就是企业为客户提供他们想要的东西并从中赚钱。多数情况下，同一行业的商业模式大同小异，但这并不意味着不能微创新。其实，商业模式是可以不断调整的，有时即使是一个小小的创新，也能为企业带来巨大的市场。

当前，微创新正成为业界讨论的焦点。笔者认为，理解"微创新"应当抓住它的五个特点：

特点1：给客户提供不同的体验。"微创新"的基础是改变和挖掘，例如，360公司，它的微创新使不少计算机用户有了与众不同的体验。企业微创新的效果，往往是使我们每个人的日常生活也在微创新。

特点2：技术难度小，但跟新的商业模式结合在一起，就能发挥巨大的市场效果。360杀毒软件就是最典型的代表。它的一个重要特点是，杀毒软件病毒库可以随时更新，非常方便，实现了客户的爆发式增长。

特点3：人人都能参与。过去，我们关心的是，到底是大企业，还是小企业更适合创新。"微创新"的众多案例告诉我们，用户参与的、草根参与的创新，到处都有。作为"微创新"，每个人的创新程度都不大，但是集成之后创新的程度就非常大了。

特点4：初创时不被注意，竞争压力小。多数情况下，刚开始时，特定的"微创新"不会受到市场的关注，创新者起步时也不会被围追堵截。但当被关注的时候，微创新的企业已经把客户和市场做起来了。

特点5：创新者的想象力很重要。要进行"微创新"，创新者的想象力非常重要。有人提出，六种思维方式在"微创新"里得到了较多的体现：一是上帝思维——关爱别人，受益自己；二是司马光思维——打破，才能得到生机；三是孙子思维——知己知彼，百战不殆；四是拿破仑思维——敢想敢干，不受外界干扰，用自己的目光去审视客户，用自己的办法去解决问题；五是哥伦布思维——想了，就要干；六是洛克菲勒思维——时时求主动，处处占先机，以最小的代价求得利益最大化。

迭代：从盲动犯错到主动试错

一、积极地主动试错

改革开放初期，无论是农村土地承包制，还是城市经济特区建设改革，都要先试验，再总结推广。而且，即使是试验，也是在相对不起眼的地方，如安徽小岗村和深圳，这就是所谓的"摸着石头过河"的策略。"摸着石头过河"是一种主动试错的过程，既能少走弯路，也能争取到更大的发展机会。这种策略最终彻底改变了中国的经济结构和管理体制，实现了中国经济的快速发展和中华民族的伟大复兴。

在创新中，试验是一种主动试错的方法，是将"猪"递送到"风口"的重要途径。主动试错的学习，有利于产品创新、商业模式创新。在传统企业向"互联网+"转型升级的过程中，主动试错是震荡最少、风险最低的路径。

错误是企业与个人力求避免的，常规的做法是：当失败和错误发生后，对其进行反思，找出错误的根源，避免同类错误再度发生。

这是一种对待错误的积极态度，可是就其实质来说，这却是一种被动性地对待错误的做法。因为，无论如何，错误都已成为既定事实，大的错误可能给企业带来致命性的灾难，因此仅改错还不够，还要主动试错。

二、商业模式需要试错

所谓探索指的是一步步探寻摸索。从产品角度说就是,从"微创新"开始,循序渐进,即使踏错一步,也有挽回的空间。所有的商业模式都是试出来的!重点在于试错的成本是否在你能够接受的范围内。比如,乔布斯的伟大之处就是:将用户体验做到极致。

无论是早期的 iPod,还是后来的 iPhone,这些产品都不是苹果公司的全新发明,而是经过多次"微创新"的成果。

iPod 是苹果公司在老式 MP3 基础上进行微创新的产物,乔布斯创造性地为 MP3 提供了能装进 1000 首歌的内存,让 iPod 用起来比其他 MP3 产品更舒服、音质更好,这就是用户体验的创新。

iPhone 也是如此。苹果公司不是第一家在智能手机上装 APP 的公司,但是苹果手机的系统最流畅、外观最好看,都是多次微创新的结果。

乔布斯的伟大之处,并不在于发明创造了多少新技术,而在于他能够对已有技术进行融合改进,将用户体验做到极致。

苹果公司能取得今天的成绩,说到底就是微创新的胜利。

其实,所有伟大的创新性产品都是从微创新踏上征程的,为用户提供一种更方便、更简单的体验。只不过由于切入点微小,巨头开始时并不在意,以致最后被一点一点地蚕食。

所谓商业模式,就是搞清楚企业如何赚钱:

谁付你钱——客户;

企业给客户什么好处——价值;

企业如何让客户掏钱——营销;

企业如何将价值送给客户——渠道；

企业如何做——主要任务；

企业缺少什么——资源；

谁能帮助企业——合作伙伴；

企业有多少种赚钱方式——产品线；

企业需要花费多少才能赚到钱——成本结构。

……

没有商业模式，企业只能送死。

每个成功的商业模式，都会受到上面各要素的约束，都需要将企业经营者的能力和资源发挥到极限。"一时翘楚"的商业模式，可能在区区几年后就以失败收场；一个貌似异想天开的主意，却可能打磨成颠覆行业的商业模式，而促成这一切的就只有两个字——试错。

三、设计正确的商业模式

商业模式怎么设计？首先，就要重视商业模式的要素。通常，一个成功的商业模式必须包括六大要素。

1. 团队及成员

事业都是由人做出来的，每个领域的创业者都很多，项目也很雷同，凭什么你们就能做成？团队整体组合对实现目标能否匹配？团队是偏管理还是偏技术？团队的领袖人物是谁？不在团队里占绝对地位，不是控股地位的核心领袖，商业模式就存在重大缺陷，无法做大。因为团队领袖决定了能进行怎样的资源整合，能将内部资源和外部资源整合到什么程度。说白了就是，能说服谁成为自己的合作伙伴，谁愿意为你的项目背书并注入资源。

2. 品类壁垒

你的商业模式能否让你的产品和服务迅速在行业里形成垄断？你的护城河是什么？品类壁垒是商业模式的核心竞争力，投资者一般都更愿意投那些在各自品类做到第一的企业，所以品类壁垒就与定位有关，而定位就是如果你不能做到品类第一，就创建一个新品类，如此你的模式才不会被别人复制和抄袭。没有壁垒，对投资者来说，胜算就很低，风险太大。

3. 竞争对手

所谓知彼知己，百战不殆！企业提供的产品或服务，是一种新品类的创建，还是红海中的原有品类？如果是新品类的创建，短期内没有竞争对手，从长远看，潜在竞争对手什么时候出现？他会有什么样的实力？竞争对手决定了企业经营的难度，能活多久。所以，不能回答你的竞争对手是谁，商业模式就是在闭门造车。

4. 产品和服务

创业者必须回答，你的产品和服务解决了人类什么样的需求？简而言之就是，你的顾客群体是谁？是刚需，还是改善性需求？比如，吃饭就是人类的刚需，但具体吃什么也能分出刚需和改善性需求。回锅肉和鱼香肉丝确实能天天吃，但鲍鱼、海参却是一种改善性需求。

5. 盈利模式

对初始创业企业来说，盈利模式几乎等同于商业模式。任何不以赚钱为目的的创业都是在"耍流氓"。商业模式的核心命脉就是收入怎么来，你的钱是怎么赚到的。100块钱给你，通过你的公司转一圈，然后变成101块钱，新增的一块钱是从何处来的？这就是你的盈利模式。

6. 市场规模

市场需求的总量，决定了商业模式的发展空间和回报。往往很多成功的创业都是在小市场中，通过商业模式的设计变成大生意的。任何小的需求放在全国乃至全球市场，都将成为大生意，所以在小投资领域，一旦出现创新的商业模式设计，就会带来颠覆性的成功。

商业模式是创业者赚钱的商业逻辑，要想赚到钱，必须掌握用户的真实需求。所以，成功的商业模式，就是要通过建立用户需求模型来辨别需求的真伪，不能被所谓的用户需求所蒙蔽，掉入伪需求的陷阱。不掌握真正的用户需求，就没有真实的顾客价值，所谓的商业模式也就不能成立了。

与时俱进,不做追赶时代的人

商业模式就是为实现客户价值最大化,把能使企业运行的内外各要素整合起来,形成一个完整的、高效率的、具有独特核心竞争力的运行系统;同时,通过提供产品和服务,使系统持续达成盈利目标。

过去,每个行业都有属于自己的商业模式,如今,行业与行业之间出现了交叉融合的趋势。跟过去比起来,跨行业、跨产业链之间的结合,让商业模式更有竞争优势,应对市场变化更加灵活。

管理学大师彼得·德鲁克曾经说过:"当今企业之间的竞争,不是产品之间的竞争,而是商业模式之间的竞争。"各行各业面对的竞争日趋激烈,不仅要与同行业竞争对手做对比,还要考虑到跨行业出现的竞品。只要能与所属产业价值链进行高效率的协同,就能创新协同模式;只要与整个产业价值链形成共生共赢、利益均沾的关系,就能掌握发展的先机,就能最终实现持续盈利。

那么,商业模式发展新趋势具体体现在哪些方面呢?

1. 跨行业

随着众多新技术的出现,消费者的生活方式和消费习惯都发生了巨大变化。企业跟随这种变化改变自身的商业模式,就是企业在时代洪流中生存下去的主要原因,企业不能与时俱进,最终就会被历史抛弃。

比如，在中国本已死去的 Uber 发现了全新的商机——外卖。UberEats 一经推出，就挽救了 Uber。Uber 的出行服务与外卖行业的跨界融合，也是 Uber 对商业模式做出的极大改变，为颓势的 Uber 增添了一丝生机。虽然不能断言 UberEats 一定能救活 Uber，但是不做出一定的改变，墨守成规的 Uber 一定会死。

2. 互联网＋

现在，很多不同行业的企业，都联合起来建立了全新的商业模式，尤其是传统企业与互联网的结合正在急速增长中。随着网络技术在国内的蓬勃发展，互联网已经逐渐成为带动新经济发展的生力军。简单来说，传统行业与互联网的结合可以从两个方面入手：一是传统企业利用互联网技术改进商业模式，提高竞争力；二是互联网企业落地传统行业，增速发展。

传统行业与互联网的结合已经成为目前常见的商业模式，比如，携程旅游网，利用互联网平台实现了传统的出行相关业务，包括订票、订房等，用户能方便快捷地制订出行计划。换句话说，没有互联网，携程只能作为中间机构打打电话，只能起到协助用户订票、订房的作用，这需要花费更多的时间和人力。

3. 娱乐化

在互联网逐渐成为主流趋势的时代，娱乐因素已经成为多数行业成长发展不可或缺的一部分。"娱乐营销"也在这样的背景下大行其道。不论是传统的用流量明星推广宣传，还是推出自己的文化 IP，都是娱乐化的形式。企业在商业模式的设计上合理沿用娱乐元素，企业产品就能更贴近消费者，形成更深刻的印象，逐渐构建起自己的核心竞争力。

商业模式变革的要点

新经济力量下,原有的商业运行规则被摧毁,各利益相关者的利益格局已被打破,需要设计新的利益交易机制和新的商业模式。如何才能跳出传统思维的局限,创造一套颇具创意、令人兴奋、切实可行的新商业模式呢?

一、商业模式创新的要点

要想创新商业模式,就要坚持下面几点:

1. 打破行业边界,重新定义客户

商业模式的创新会打破行业的边界,还可能将另一个行业运作规律在本行业运用。打破行业的边界也是新经济力量下商业模式创新的一大路径。需要注意的是,跨行业不等于两个行业都做,比如,凡客诚品是卖服装的,却不是服装行业,而是互联网电子商务行业。两个行业的本质完全不同,如果凡客用服装行业运作规律经营企业,就得像雅戈尔一样,专注设计、生产、制造、流通、专卖、连锁运营;如果它是按照互联网本质去运作,经营模式又完全不同了。互联网的本质是免费、快速、便捷、眼球经济,只有点击率上升,才能拉动企业的后续业务,才能产生金字塔式的产品模式。

2. 从利益相关者的痛苦入手

有时商业模式创新仅从客户角度入手很难突破,即使站在行业的价值链上来思考,也一筹莫展。如果企业家通过对商业模式创新来改变企业命运和前途的希望变得黯淡,思维陷入僵局,情绪很低落,总找不到出路,这时,不妨尝试从利益相关方入手。比如,它有何痛苦?它的深层次需求是什么?如何降低交易成本?交易关系能否转变?是否有新的利益保护机制?……只要从利益相关方的角度去打开、去透视,就可能发现另一片绚丽的天空。

3. 改变企业价值的生存方式

改变企业价值的生存方式,不仅适合产品竞争激烈的行业,同样适合新技术新产品的行业。新产品最初推向市场时,研发成本高,价格较高,消费者无法接受或对新产品没有足够的信心,买卖双方信息严重不对称,形成了市场推广成本高、效益低的局面。因此,要想改善这种状况,就要改变企业价值的生存方式,降低客户购买成本,通过转变盈利来源和成本摊销方式,降低客户使用的风险。

4. 改变满足客户需求的方式

同样的需求不同的满足方式,导致商业模式出现了很大的不同。企业在满足客户需求时从不同的满足方式着手,改变传统的提供方式,寻找一种新的满足方式,就可能给正在期望或有潜在需求的客户带来意外惊喜,最终引发新的需求快速增长,催生新的商业模式。

5. 紧抓客户的痛点

深挖本行业行规给现有客户带来的痛苦,并想办法去满足这些痛苦级的

需求，或减轻、降低痛苦，就能提出新的价值主张，如此必然会先人一步，升级为领先的商业模式。

二、"互联网+"背景下，共享经济成为主流

互联网时代的到来，推动了人工智能、移动终端、共享经济等行业领域的进步，使得商业模式的发展朝着精细化、个性化、人性化的方面发展。尤其是以共享经济为主流、产品个性化为趋势的商业模式，更取得了不错的成绩。

硬蛋是中国知名的智能硬件创新创业平台，在这里客户可以展示自己的项目，吸引供应链链条上的人才；也可以分享自己的想法和创意，让专家与众多极客保驾护航。

硬蛋通过"大数据+开放平台"把全世界资源和中国制造业联系在一起，把中国制造业的产能，通过互联网的形式推出去，推到全世界有创新的地方，不仅为全世界的创新创业者提供了帮助，也推动了整个中国制造业的转型。

硬蛋推崇共享经济，它将拥有共同需求的企业、团队和消费者聚集在一起，进行资源互换；把制造业的成功经验分享给创业者，让他们规避创业路上的问题；将制造业的存量资源和世界顶尖、前沿的专利共享给创新企业，降低创业门槛；将智能硬件新的产品分享给硬蛋粉丝，实现了全民硬件。

近年，共享经济的商业模式在全球范围迅速崛起，以共享为支点、为代表的共享经济商业平台，以一种全新的商业运行模式、服务运营模式，不仅给传统行业带来了威胁，也以无法想象的速度从衣食住行等方面影响着人们的生活方式，更对传统产业产生了巨大冲击和压力。

共享经济商业模式的出现意味着"互联网+"背景下营销方式的创新，是一种全新的，基于互联网技术的商业模式。企业在过去十年不断摸索和创新共享经济，出现了共享单车、共享打印机、共享纸巾、共享充电宝，似乎在一夜之间，任何东西都能共享了，共享经济成为了主流！

第五章

人本主义
——消费者开始宣示主权

互联网思维就是用户思维

互联网的存在，让市场竞争变得更加激烈。工业时代的厂商主导也转变成互联网时代的消费者主导。企业必须从市场定位、市场研发、生产销售、售后服务等价值链环节，建立起用户思维。因为只有深度理解用户，才能生出爱来；没有认同就没有合同，商业价值通常都建立在用户价值之上。

三只松鼠从事的是坚果生意，凭借贴心的用户服务，在互联网上找到了属于自己的生存空间。2018年"双十一"，三只松鼠单渠道只花费9分29秒便突破了亿元大关；11日24时，三只松鼠全渠道销售额达到6.82亿元，再次刷新了中国食品行业的销售纪录。

不可否认，三只松鼠之所以能取得这样的成绩，一大关键就是用户思维。主要表现为：

打造"服务的可追溯系统"。三只松鼠以用户为中心，进行了管理体制变革。不仅建立了产品的品质追溯系统，还建立了一套服务的可追溯系统。只要有用户投诉，依靠这套系统，就能追溯到具体的员工身上。为了配合这套系统，三只松鼠成立了"CEO用户体验中心"，主要工作是收集用户体验，发布体验报告，落实协调各部门的执行改善情况。

让供应商也有"用户思维"。三只松鼠改变了所有上游合作伙伴的思维方

第五章
人本主义——消费者开始宣示主权

式,让供应商也拥有用户思维。按照商业法则,供应商供货的好坏,都由质检员、采购员和老板说了算。但是在三只松鼠,用户才是货物验收的最后一关。供应商每天都会打开电脑,查看网上消费者对自己所供商品的评价。原因何在?因为三只松鼠建立了一套供应商评分机制,其中一条就是用户对产品的满意度。如果某供应商遭到消费者的投诉,三只松鼠可以直接追溯到供应商和产品批次,继而导致剩余订单的退货或失去订单,直接影响第二年三只松鼠对该供应商的订货量。

三只松鼠的用户思维可圈可点。数字时代,在消费者主权的时代,要想赢得消费者,就要具备用户思维,而这也是互联网思维的一大内容。

为什么必须以用户为核心呢?道理很简单。企业做营销、做管理,最终的目的只有两个字——利润。企业所做的一切都在为利润服务,企业没有利润,其他都是空谈。谁来为企业的利润买单?用户。虽然如今流行着一种说法"羊毛出在狗身上,猪来买单",但想让猪买单的前提依然是要有足够的用户。

互联网思维的核心就是用户,就是研究如何让用户买单,如何让用户买得痛快,甚至哭着喊着买;而且买完了还要爱上你,成为你的粉丝,持续不断地买。

用户思维,就是要站在用户的角度来思考问题,就是要跟用户换位思考,将"用户体验至上"贯穿在品牌与消费者沟通的整个链条中,说白了就是"让顾客一直爽"。

用户体验是一种主观感受。企业要经常思考:自己是否真正站在用户的角度思考过?除了满足用户基本需要之外,还能为用户提供什么?用户体验的打造,要贯穿各渠道、各种终端、各类媒介,以及用户使用产品的各个环节,要自始至终地考虑用户的感受,以用户体验为指导原则。

用户思维不是你做了什么，而是用户感受到了什么。要将用户体验放到前面，要让用户感受到，不要把精力耗费在擅长却无意义的点。企业必须从市场定位、产品研发出发，在生产、销售、售后服务等各环节，建立起"以用户为中心"的企业文化。

1. 想用户之所想

企业都是为用户服务的，企业家们要时刻在脑海里想：用户到底需要什么，用户担忧的是什么，自己提供的产品和服务能否给用户带来价值，用户喜欢何种宣传方式……要想让用户接受你，就要时刻反思。比如，在懒人社会，人们需要吃饭有外卖，出门有车载；世界各地的美食任你吃，天下时事也任你看。以此为立足点，可以让"懒人"高效，为他们打造一条龙服务，不让用户费一点神，时时关注他们缺什么。从产品设计，到测试，到运营推广，都要设身处地地站在用户的角度看问题，即使是小细节，也要考虑到用户的感受，不能想当然。

2. 从产品中来到产品中去

两耳不闻窗外事，埋头搞设计，设计出的产品自己根本不使用，出错的概率就会提高。只跟别人说我们的产品如何如何，却不知道产品为什么会这样，自己也没使用过，没有任何实际感受，多半都无法说服别人。

要想让用户喜欢，就要主动放下架子，真正从用户角度去看产品，除去所有花哨的玩意儿，把复杂的技术做到后台，让用户看到的是简单，让用户用起来顺手，才能受到用户的欢迎，才能让产品到用户中去，从而聚集起大规模的用户基础。

3. 将用户思维用活

人性很复杂，不要一厢情愿地想要彻底掌握，但可以慢慢了解它。只是公司内部体验产品，就无法照顾到所覆盖的全部受众，必须在日常工作中慢慢提高，随时随地观察和思考，仔细体会和分析宣传或营销方案是否得当，是否体现了用户思维。

马云说过，从卖东西走向服务别人，是巨大的变革，今后企业的核心能力，就是服务人的能力。因此，对于存在于互联网时代的企业来说，最应该做的事情就是转变思维。传统的卖货思维已经远远跟不上时代，要将思维重心和运营重心放到用户板块上，建立用户思维，深化与用户之间的关系，逐渐摆脱经营"物"的困境，走上经营"人"的道路。

互联网思维的本质是回归人性

人类社会每次经历的大飞跃,最关键的并不是物质或技术的催化,而是思维工具的迭代。如今,大互联时代已经来临,互联网思维应该成为所有商业思维的起点。而互联网思维的本质,就是商业回归人性,更看重"人"的价值。

伟大的商业基本上都是对人性的合理运营。人性是检验的标尺,人性是关系的核心。重视人性、尊崇人性,才能为服务增值。传统服务行业谈转型、讲升级,就要坚持最根本的出发点——人性!海底捞为什么每天都有很多人排队,等一个小时也无悔?原因之一就是,他们都尊重人性。

餐饮服务行业准入门槛相对较低,需要应对更为复杂的环境。面对激烈的竞争,海底捞凭借其"变态式服务"杀出了一条血路,找到了一条使"企业与员工、企业与客户"之间相互成全、相互成就、共同推动海底捞创造"变态"完美服务的路径,重新定义了服务业。

海底捞内部机制完善,一方面给予员工充分的信任和创新机会,另一方面在内部上升渠道的激励下,员工拥有极大的自主权去服务顾客。对于顾客来说,他们在就餐时不仅能享受到高性价比的服务,还能得到超出消费预期的新体验,这种满意度让他们愿意将自己的消费体验进行主动传播。而每一个顾客都是流动的广告,在海底捞接受过"变态"服务的顾客所进行的链式口碑营销,又能大大降低海底捞的宣传成本。

海底捞式的口碑传播,主要靠刺激消费者贪便宜的欲望,击中了人性的弱点,并屡屡得手。

什么是"人性"?百度百科上说:人性,就是人类天然具备的基本精神属性。人类社会的一切,都是基本人性的映射。简单来说,人性就是人的本性,比如,对胜利的渴望、对尊重的重视、对与人相处的要求、对新鲜的好奇;此外,懒、追求惬意随性也是人性的一部分。

人性的光辉是推动进步的首要力量!尊重人性是互联网最本质的文化。互联网并不是冷冰冰的技术,有着强大的力量,其根本也来源于对人性的尊重、对用户体验的敬畏、对人创造性发挥的重视。例如,分享经济就是尊重人性的产物。

人性,是体验,是敬畏,是驱动,是方向,是市场,是需求,是合作……人性是连接的最小单元、最佳协议、最后逻辑,人性化是连接的归宿、融合的起点和存在的理由。小到一次互动,大到一个平台,都要基于人性进行思考、开发、设计、运营、创新和改进。

各行业的竞争愈演愈烈,制胜的关键是创新,是理解透人心和人性。营销的对象是人,把营销的对象给物化,必然会走进误区。人性是顺应人类的需求,之所以要"满足"它,是因为人与生俱来的很多欲求本能。

人性的基本需求是什么呢?至少有如下几点:

1. 爱占便宜

人们一般都喜欢占便宜,不过他们看重的不是便宜,而是占便宜的感觉。只要觉得占了便宜,就会认为自己赚大了;反之,会觉得自己亏了。

2. 好奇心重

人们都有着很强的好奇心,对于好玩的、有趣的、神秘的……人们都会莫名地想要去看。因此,要想吸引他们,就可从吸引用户的好奇心入手。

3. 关心自己

人们一般都会关注自己喜欢的以及跟自己有关的内容。因此,要努力挖掘目标用户的痛点,指出他们遇到的问题,并为他们解决,往往更能触动他们。

4. 生性懒惰

人性中都有"懒惰"的因素,可以从这方面出发,让他们行动方便,甚至不用动手动脑,就会有市场。比如,外卖软件、打车软件、O2O、上门业务等,就很好地满足了这点人性。

5. 有紧迫感

对于紧迫的事情,一般都愿意去做。比如,商家推出"最后一天打折""还剩3个名额""某某时间截止"……更容易吸引人。

6. 从众心理

不知道如何选择的时候,人们一般都会去看看他人的反应,或批评或表扬。比如,大众点评网、美团网等就非常重视客户评价。这就是从众心理的显著表现。

7. 疑心太重

有一句俗话:"一朝被蛇咬,十年怕井绳!"只要吃一次亏,或听过别人吃亏,多数人都会对相关的产品或服务进行排斥。信任需要做出来,而不是说出来,说一百句不如一个行动。

8. 容易感动

人都很容易被感动,所以要重视故事分享。用户很可能被你的故事感动,被你的真诚感动。一旦对方感动了,就容易引起共鸣和建立信任。比如褚橙,卖的就是励志故事。

9. 固有思维

无论做什么新项目,都不要指望熟人会为你买单;没有成功之前,不要指望去说服别人。这时候,只要寻找认同自己的人即可。如何改变熟人对你的固有看法?一是通过朋友圈来铺垫自己的形象。二是让自己变得有价值,主动帮别人解决问题。三是善于包装自己的形象,晒成交,晒奢侈品,晒车……

卖货，不如兜售参与感

互联网时代，用户都可能与他人在某个购物社交网络中相互交流，分享自己的消费主张，形成"物以类聚、人以群分"的消费社群。他们有着极强的自我意识，对产品和服务的需求不再停留在功能层面，更想借此表达自己的情感；他们想参与到产品的决策和销售中……用户的需求已经发生改变，企业的沟通诉求也要随之改变，与其卖货，倒不如向用户兜售参与感。

2016年情人节，"西贝莜面村"推出了一个活动——亲嘴打折节。为了吸引用户参与，"西贝莜面村"准备了一个吸引眼球的广告语——"吻得越深，折扣越大"；同时，还设计了四种不同的亲吻姿势和对应折扣。活动当天，到店消费的用户都能参与这一活动，并依据亲吻姿势，享受不同的折扣。

"亲嘴打折节"依赖新颖的形式，在众多的"情人节"活动中脱颖而出，给消费者留下了深刻的印象。同时，极具话题性的活动规则引起了用户和媒体的广泛关注，为"西贝莜面村"做了大量的免费宣传。

情人节，很多情侣都会在外面游玩或就餐，各餐厅都会推出令人心动的优惠活动，甚至为情侣准备情侣套餐。可是，互联网时代，这样的营销手段已经没有了新意，已经无法吸引用户。如今，主流消费群趋向年轻化，80后、90后、00后的年轻人具有很强的猎奇心理，只有开展有趣的游戏或活动，鼓励他们参与，才能博得他们的青睐。

社会经济的发展让消费不断升级，消费者不再一味地追求低价，更加追求产品的品质与服务体验。互联网思维的核心是"口碑为王"，要想打造好口碑，就要让用户参与进来。基于互联网思维的参与感，必然会在传统企业中流行开来，甚至还会成为一种潮流。

物资匮乏的年代，人们购买商品的目的是满足功能性需求，比如，买一块手表，并不关注品牌，而是为了准确报告时间……体验式消费风行的缘由，还要落脚到用户身上。为了拉人或活跃气氛，就要让用户真正参与进来。那么，怎样才能通过给用户提供价值让用户积极参与呢？

1. 满足用户的好奇心

每个人都有好奇心，人类行为动机中最有力的动机就是好奇心。如果想吸引用户参与，就要通过一些方式，唤起用户的好奇心，引起他们的注意和兴趣，利用问题接近他们。

贸易洽谈会上，一名顾客正在看公司产品，销售员问："请问，您想买什么？"

顾客回答说："我觉得这里没什么可买的。"

销售员说："对！别人也这么说。"

顾客有些得意，销售员微微一笑，说："但是，他们后来又改变了看法。"

"噢，是吗？为什么？"顾客的好奇心被调动起来。

接下来，销售员开始正式推销。

在这个例子中，看到顾客不想买产品，销售员却没有向他讲述公司产品的情况，而是用一句话引发了顾客的好奇心，为自己赢得了推销产品的机会。

2. 用利益驱动用户

要想让用户参与进来,可以从利益出发。这里的"利益"共包括两方面内容:一个是物质/精神奖励,一个是概率性事件。

(1)物质/精神奖励。比如,"扫码关注送××"。××可以是物质,如送电影票、送玩偶、送笔记本等;也可以是精神方面的,如送吻、送签名、送拥抱等。

(2)概率性事件。比如,转盘抽奖。使用抽奖活动,要为不同的用户群体选择不同的产品。比如,学生群体,奖品可以是玩偶、笔记本等;白领群体,奖品可以是靠垫、电影票、餐票等。

3. 将参与门槛设得低些

设置活动规则的时候,制造比较高的门槛,即使对活动有兴趣,用户也可能望而却步。比如,用户得到红包的条件是"用户关注公众号后,转发朋友圈,达到××点赞量。之后,从所有转发朋友圈的用户中选出点赞最多的用户,就能得到红包"。门槛这么高,看到的用户必然要思考一番。绕了一大圈,集了如此多的"赞",却不一定能得到红包,想来,用户可能都会放弃参与。所以,只有将活动门槛降低到一定程度,才能让更多的用户参与进来。

4. 让用户感到自己受到重视

用户为产品提出了意见,要立刻做出回复,用户就会觉得你是重视他的,就会对你以及你的产品多一些肯定。这种肯定并不是对问题本身的肯定,而是对你这个人,继而就会对你的产品产生好感。

重视感是对用户的尊重和理解,如果用户的问题或建议得不到及时回应,就会觉得你不关心他或忽视他。一旦受这种情绪影响,用户的参与度就会大打折扣。

5. 要制造商品的稀缺感

比如,"前 100 名用户购买,买二送一""前 10 名用户购买,免单""前 50 名用户购买,享受 1 元购"。要给用户传递一种稀缺感,要告诉用户:如果你不立刻来抢,错过了时间,该福利就没有了。如果用户觉得"过了这个村就没那个店了",多半都会产生"提前得到它"的想法。

从互联网思维到区块链精神

百度百科对"互联网思维"的解释是:在"互联网+"、大数据、云计算等科技不断发展的背景下,对市场、用户、产品、企业价值链乃至整个商业生态进行重新审视。这种思考方式,不局限在互联网产品、互联网企业。这里指的互联网,并不是桌面互联网或移动互联网,而是泛互联网,因为未来的网络形态都是跨越各种终端设备的。

如今,区块链行业迎来重大机遇,传统企业也要运用"区块链思维"去照亮认识盲区、倒逼技术升级、开拓产业空间。举几个例子:

案例1:

2016年9月,微众银行联合上海华瑞银行,投入试运行基于联盟型区块链技术的银行间联合贷款清算平台,用于优化两家银行"微粒贷"联合贷款的结算和清算。引入这个区块链系统,所有的信息都记录在区块链网络上,无法篡改,交易过程中同时清算,实现实时清算,节省了大量人力物力。

案例2:

2016年10月,丰田汽车加入R3联盟,通过区块链技术,将每个零件的生产加工使用情况都存储到区块链中,这样,在汽车零件出现问题后,就可以方便快捷地查询到零件的出处。

互联网只解决了信息传递问题，但无法以最低成本解决"价值传递"的问题，而要想解决这个问题，就要合理使用区块链这一颠覆性创新技术。区块链是打开财务自由之门的钥匙，是鱼跃龙门的跳板，运用区块链技术，企业就能以弯道超车的姿态力压大数据、人工智能、AR/VR等新晋"群芳"。

区块链是一种信息技术，无论是公链，还是联盟链，追求的首要目标都是信息数据的安全有效、无法篡改。区块链技术，解决了人与人之间的信任问题，凡是跟交易有关的东西，尤其是陌生人之间的交易，都可以用区块链技术记录下来。在数字加密货币、金融和社会系统中，区块链都有着广泛的应用前景。

相比其他国家的行业发展，我国区块链行业起步稍晚，基础相对欧美稍弱，但从发展势头和潜力来看，我国区块链行业非常有可能实现像互联网及移动支付领域一样的超车。区块链应用有的可以在实体上体现出来，智能时代，各行业都可以使用到区块链技术。

随着区块链技术在金融领域应用的不断验证，其技术优势在其他行业领域也逐渐体现出价值。目前，医疗健康、IP版权、教育、文化娱乐、通信、慈善公益、社会管理、共享经济、物联网等领域都在逐渐落入地区块链应用项目，"区块链+"正在成为现实。

1. 区块链 + 医疗

医疗领域，区块链能利用自己的匿名性、去中心化等特征保护病人隐私。比如，电子健康病例（EHR）、DNA钱包、药品防伪等都是区块链技术可能的应用领域。

2. 区块链+物联网

物联网是一个非常宽泛的概念，如果将通信、能源管理、供应链管理、共享经济等涵盖在内，区块链技术的物联网应用将成为一个非常重要的应用领域。

3. 区块链+教育

在公共服务、教育、慈善公益等领域，档案管理、身份（资质）认证、公众信任等问题都是客观存在的，传统方式是依靠具备公信力的第三方做信用背书，但造假、缺失等问题依然存在。区块链技术能够保证所有数据的完整性、永久性和不可更改性，可以有效解决这些行业在存证、追踪、关联、回溯等方面的痛点。

4. 区块链+IP版权

互联网发展得越来越好，数字音乐、数字图书、数字视频、数字游戏等逐渐成为主流。知识经济的兴起使得知识产权成为市场竞争的核心要素，但目前的互联网生态里知识产权侵权现象严重，数字资产的版权保护成为行业痛点。

由于区块链具有去中介化、共识机制、不可篡改的特点，利用区块链技术，能将文化娱乐价值链的各个环节进行有效整合、加速流通，缩短价值创造周期；同时，还有利于实现数字内容的价值转移，并保证转移过程的可信、可审计和透明等。

……

区块链会改变商业社会现有的结构和运作方式，虽然许多人还仅将它视为技术上的变革，但如果把视线投向更加深远的社会基础，无论是对全球的经济，还是对现有的很多行业，也许一场有史以来人类社会最大的变革正在拉开序幕。

真正意识到区块链技术的力量,就不会停留在最肤浅的层面。只有真正从内心深处去理解这个行业,才会看到该行业的无限商机和未来,才能更深层地融合这种技术,不断成长。

从"渠道为王"到"产品为王"

所有不以打磨产品的销售都是耍流氓,所有离开产品的销售都是诈骗,所有离开服务的产品终究会被用户抛弃。产品和渠道的关系犹如鸡和蛋的关系,产品为渠道提供了开疆拓土的弹药,渠道为产品提供了第一线的反馈,让产品在市场中变得更加具有竞争力。

有一家企业成立于2007年,开始立志要做"会议领域服务的携程"。经过几年的发展,在行业有了一定的基础。2010年,该企业获得数百万的天使投资,走上了快速扩张的发展路径。

拿到投资后,为了实现规模化经营,企业招募、培训销售人员去拓展客户,甚至还租了一个1100平方米的办公场地。结果,一直都没有赚到钱,处于亏损阶段。2012年,该公司资金链断裂,一度发不出工资,不得不关闭。

痛定思痛,企业老总一改以往大而全的平台思维,凭借以往的品牌知名度和客户资源,做精做强,专注细分会议服务,竟然奇迹般地起死回生。

该企业踏实做服务,为客户提供专业的会议顾问附加价值,口碑逐步提升,客户回头率与老客户转介绍率都大大提高。随着客户基数的不断增长,现在已经进入良性循环,成为国内会务服务行业中的佼佼者。

通过该企业的发展历程可以看到,商业世界的生态多种多样,把公司做小、做精、做强，意味着更专业、更细致、更耐心、更好的口碑、更加良性的发展。

企业一定要合理匹配自身资源，没有惊天动地，没有改变世界，只把普普通通的事情做好、做精，照样也能成就百年企业。

大数据时代，话语权从商家转变成用户，只有把握住用户需求，才能针对需求来提供产品。站在用户的角度上来说，好的产品胜过好的渠道。面对开放、互动、即时的互联网环境，企业必须真正做到以"用户为中心，做好产品"，才能赢得市场。

好产品是黏住用户的核心利器，由此带来的用户体验及口碑传播会直接凸显出企业的商业价值。那么，究竟怎样的产品才是"好产品"？好产品通常都具有几个特点：复购、强需求、可服务、高单价、高毛利、易传播、可团购、体积小、易运输等。

1. 重复购买

营销界有这样一句名言："发展一位新客户的成本是挽留一个老客户的3~10倍；向新客户推销产品成功率是15%，向老客户推销产品成功率是50%。"产品只要产生重复消费，就会产生源源不断的利润，只要维护好老顾客，购买行为就会越来越多。产品没有复购或很久才复购一次，就要不断地推广，费时费力。

2. 需求强大

消费者对该产品有强烈需求，有问题急需解决。如果产品能满足这些需求，解决消费者的痛点，他们就会主动找你，营销起来就会容易很多。

3. 提供专业服务

体验经济和情感营销兴起，消费者能接受更多的心理和情感满足，为消费者提供专业的服务,就能有效增加利润。

4. 高单价和高毛利

这一点,需要具体产品具体分析。理想状态是,追求高单价和高毛利,容易做成规模,营销费用容易回本。

5. 容易传播

微信等新媒体出现,每个人都能对产品发表评论、对周围的人产生影响,如果产品容易传播,就能快速引爆传播。

6. 能够团购

产品质量好,方便企业用户集中采购,就能快速出货,提升销售额和影响力。

7. 体积小和易运输

体积小的产品,不仅容易运输,还方便仓储,物流费用低。

好产品具备的特性,不是每个产品都具备的。而具备这些优点的产品,格局一般都更大,更容易操作。

免费是互联网企业的必然选择

如今，各商家都在想办法获取利润的最大化，比如，提高商品价格、压缩成本等。但是，越想掏空消费者的口袋，消费者就越会捂紧口袋，同商家展开猫捉老鼠的游戏，只能消耗掉商家大量的营销费用，收益却不理想。

看着商家贪婪的嘴脸，消费者就会本能地产生防卫心理，如何才能让他们轻易打开荷包呢？

为了找到问题的答案，科学家曾做过一个调查实验：

工作人员对300名低收入者与300名高收入者进行了调查，查看他们从超市所采购的商品，发现：低收入者不会只挑选便宜的商品，只会选择自己需要的商品，包括很多高质高价的实用性商品；而高收入者采购的商品，也不是那么高端，高档商品虽然多一些，但也包括打折商品与免费赠送的商品。

这个实验告诉我们，免费赠送、试吃等活动，多数顾客得到赠品就立刻离开，看似商家吃亏了，其实商家每天都能增加8%左右的销售量，而这些消费者的持续购买还能带来更大的收益。

互联网时代，采用免费的商业模式，成就了多家巨人企业。比如，腾讯QQ使用是免费的、微信是免费的、淘宝最初开店是免费的、门户网站的新闻资讯是免费的……但无一例外，他们都赚到了很多钱。

免费的服务模式是：让客户去寻找客户，让客户去影响客户，使用互联网工具，降低寻找客户成本，为部分客户提供免费服务，为多数客户提供优惠服务。

免费策略就是利用人性的弱点，先用免费的幌子留住客户，然后通过一系列的转化，让用户心甘情愿地接受产品和价值观点。免费，也是互联网时代企业的必然选择。

1. 免费策略的实施流程

免费策略的实施，通常要按照如下步骤：

（1）抓住用户的需求点。免费给解决方案，如果营销类的服务实在送不出手，可以赠送一些小礼品，或有价值的虚拟用品，既不用花费多少成本，还能更好地提高用户的归属感。当然，形式多种多样，比如，初期的时候可以拿出一款商品靠着免费策略进入市场，吸引用户，打造自己的品牌。

（2）增加用户忠诚度。某次活动，用户增长很快，会员也很多，但随着时间的流逝，用户开始大幅减少，很多人都搞不清楚问题出在哪里。这时，通过免费吸引来的流量一般精准度都不够，要深层次地挖掘用户的痛点，找到他们的关注点，每天给他们推送一些感兴趣的内容，中间即使会损失一部分用户，但只要吸引的人群基数足够大，后期的转化数目依然是可观的。

（3）为用户提供价值。为用户提供的价值，一定要跟产品相关，且跨度也不能太大。这个阶段也是建立信任感的阶段。

（4）推销产品。当用户足够信任你时，用户数量足够多时，就可开始推销你的产品了。

2. 免费营销的模式

如今，用户最喜欢的营销方式是免费营销模式。免费营销模式的核心要点是：建立隐性的利润空间，将目光放得长远，牺牲眼前的小利益，赚取更大的收益。

（1）固定位置免费。有些企业在安排场地时，会区别对待，比如，设立贵宾席等。相对地，也会设立一些"偏冷"的位置，很少有人去光顾，比如，KTV最角落的包厢、酒吧最角落的位置、餐厅最偏远的座位等。对于这些位置，就能采取这类策略——固定位置免费，有效利用这些偏冷位置，增加用户流量，增强用户体验，盘活生意。

（2）部分用户免费。为了吸引更多用户，可以采用这种策略，从中赚取一定利润。这种模式可以让一部分人带动另一部分人进行消费，是用户之间的一种交叉性补贴。比如，电影院的"女生免费男生收费"模式，就能吸引更多的女生前来。但是，女生必然会带着男友一起来，如此既能吸引大量用户，又能从中获取一定利润。

（3）只收取耗材费用。有些产品需要搭配相关耗材，或需要定期维护和保养，才能使用。对于这样的产品，可以直接赠送给用户。使用该产品的过程中，他们就必须到企业购买需要的耗材，或做后续保养，如此既能吸引大量的用户，又能带动耗材产品和服务的销量。

（4）体验型营销。让客户免费体验一个产品或服务，等客户满意再进行消费。企业提供免费的体验模式，就是给客户提供一种体验的机会，不用花费任何成本，客户就能毫无压力地体验该产品或服务的效果如何。这种免费体验模式又分为试吃、试穿、试看和试用等。

（5）提供额外项目。给用户提供一些额外的免费项目，也能增加产品曝光率，吸引更多的用户。比如，电影主题餐厅，虽然这里的消费比其他餐厅略高，但依然有人愿意去吃，因为用户在这里吃饭能够享受到更多的新奇感受，而这些在普通餐厅是感受不到的。

（6）后期免费维护与保养。有些产品后期需要进行维护和保养，花费却不高。对于这样的产品，就可以向用户免费提供后续服务，比如，购买化妆品，可以免费参加一些关于皮肤保养的课程；购买家用电器，可以免费清洗等。

（7）固定时间免费。如果企业的用户流量集中于某个时段，餐厅、电影院等，就能采取此模式。在流量少的时间段向用户开放免费服务，吸引用户群体，既能弥补某时间段用户流量少的缺憾，又能拥有一批忠实粉丝。

（8）跨界免费营销。有些产品的使用需要搭配其他产品，比如，护发素、手机壳等，如此就可以采取跨界免费营销，将产品的其他组成部分作为免费产品，赠送给用户，既能吸引更多的用户关注企业，又能引导用户消费。

（9）第三方资助。企业之间或多或少都存在一些联系，有些既是客户需要的一方，也是企业需要的一方。利用这种关系，通过第三方赞助来为客户买单，就能实现免费营销。

（10）设计免费产品。先用免费产品吸引客户购买其他产品，再从他们购买的产品上赚取更多的利润。这种形式，可以为企业积累大量的潜在客户，进而实现转化升级。

粉丝就是生产力

随着互联网的不断兴起，出现了一个普遍现象：不论大小，企业都喜欢请知名明星代言产品。

微信等新媒体的兴起，让我们看到一个共同点：多数企业家都在考虑怎样增加自己的粉丝，让粉丝转化为客户，形成一种病毒营销的模式。

不可否认，粉丝确实是互联网时代的一个标志！

在现代的企业运营中，粉丝不仅是优质的目标消费者，还是最忠诚的消费者。粉丝不是普通爱好者，而是对品牌有些狂热的痴迷者。互联网不仅吸引人们的眼球，还会随时掏空人们的钱袋，只要掌握了粉丝，就能挖到致富的金矿。

中粮是一个中规中矩的传统企业，结果推出的休闲食品——腰果，由电商引爆，实现了过千万的传播量，直接带来了70多万元的即时销售额，成了"深度粉丝营销"的成功案例。它是如何做到这一点的呢？

找到社会化营销的底层逻辑。在互联网时代和移动互联网时代，消费者个性化需求日益凸显，即使是小众需求，也能进行前所未有的清晰表达，圈层已经成为一种带人格化特征的消费者细分方式。粉丝圈层可以分为核心层、影响层和外围层。中粮通过核心层与影响层的层层联动，把信息一波波地传达给精准用户，从而引爆大众狂欢。

说出让用户情感上认同的话。情感是人类的共同语言，也是人类的底层操作系统，所有的言行都是由某种情感驱动的。说出用户想说而没有说出的话，是最高效的沟通方式，也是让用户产生情感认同的最高效手段。中粮把话语权交给粉丝，激发出了他们的创意度与情感投入。

注重消费者的参与感。自媒体时代，企业无法控制消费者，但可以让消费者参与其中。比如，在"中粮好舌头——第二届吃货大赛"中，不仅开展了"非洲游"大奖争夺战，还将众人头脑风暴产生的UGC内容做成产品腰封，极大地提高了用户的参与感。

粉丝经济时代已经到来，粉丝成了品牌最贵的资产，只有把握忠实粉丝的心，才能走向成功。

古语说得好："得民心者得天下。"移动互联网时代，得粉丝者得天下！

粉丝经济的模式是以销定产的C2B经济，一旦积累起相当数量的粉丝用户，就能通过预售来评估销量，从而精准安排产品生产，避免库存积压，提高生产效率，同时，还能在企业与消费者之间建立起长期反馈，不再是一锤子买卖。

粉丝经济的形成，以粉丝和偶像的情感纽带关系为基础。这种情感维系着粉丝和偶像，企业只要抓住这种情感关系，举办一定的商业活动，就能刺激粉丝把对偶像的热情和支持从情感转化为消费行为，实现经济收益。例如，邀请明星代言某种产品、参与真人秀、设计与其相关的周边产品，粉丝看到这种产品，就能立刻形成关联意识——"这和我的偶像有关"，继而产生消费欲望。

在偶像和粉丝的互动过程中，偶像就能逐步建立起个人品牌，继而实现无形的资产升值。

在互联网时代，消费者越来越精明，不会再轻易相信广告，更不会因促销而冲动下单，只会越来越谨慎地选择适合自己的产品，会参考互联网信息与他人的意见来决定自己的购买。他们不会单纯地接受产品，希望表达自己的意见，看到好的，就想分享；看到差的，就想批判。

如今，各行业的发展趋势都是：对手越来越多、同质化严重。如果粉丝很少，如何杀出重围？正确的做法就是开展粉丝营销。

1. 将粉丝激活

当微信等社交应用兴起时，粉丝在信息传播中的作用越来越重要，粉丝的言论成了影响企业和品牌的直接因素。

小米科技专注于智能设备，是国内粉丝营销的佼佼者。在这里，粉丝不仅能获得F码优先抢购小米产品，分享产品使用心得，下载各版本的手机系统，学习各种刷机教程，对产品和公司提出建议和意见，还能得到及时回复。小米的微博自助手机使用支持系统，促进了小米粉丝经济的发展。

粉丝经济的重点，在于粉丝的活跃数量和引爆品牌的热情。要想顺利开展粉丝营销，就要不断深化品牌内容，保持对粉丝的吸引力，在社交平台的运营方面更贴近年轻人的习惯和文化，从心理上拉近与粉丝的距离，在微信发起话题和活动，保持粉丝团体的活跃。另外，还可以与明星IP合作，在微信发起定制活动，发布定制产品，借明星IP的影响扩大粉丝阵营。

话题是微信粉丝营销的重要手段。每一轮热门话题都会引起海量人群的参与，传播范围广，速度极快，对话题把控熟练，就能为企业带来意想不到的营销效果。

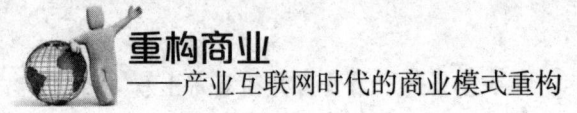

2. 让粉丝参与

对企业来说，粉丝营销能否获得成功，最终还要看产品。如果产品本身就不好，即使明星效应再强，仅凭感情，也很难吸引粉丝购买。粉丝会因为喜欢个人而购买个人发布的产品，这种爱屋及乌的转化率是非常有限的。

在粉丝营销中，粉丝的参与度也是决定成败的关键。企业要尽可能多地让粉丝参与营销过程，比如，从产品设计到程序开发，多多听取粉丝的意见；也可以邀请参与度高的活跃粉丝来参加企业活动，甚至亲自请他们吃饭。

在这一点上，大众媒体《旅徒》就做得很好。在《旅徒》平台上，粉丝都是参与者。粉丝可以上传拍摄视频，由旅行爱好者评定优劣；可以设置话题，粉丝之间进行探讨；可以分享旅行故事，传播旅行经验……在这个过程中，旅行达人也能吸引到自己的粉丝。当粉丝群达到一定规模，就能获得广告、赞助等收入，还能通过会员制与线下活动，实现更多的商业价值。

3. 转化粉丝

粉丝从对明星的崇拜转化到购买产品，有一定的转化率。

基于粉丝基础，企业开展粉丝营销，往往能取得事半功倍的效果，比如，乔布斯本身就拥有大量粉丝，粉丝营销自然就十分成功。但是在企业营销中，粉丝对企业的感情能否转化到产品的购买，是营销成败的关键。

自身的明星效应与出品的硬件产品之间具有很强的领域匹配性，粉丝转化率自然就会很高。

第六章

先利其器
——产业工人与技术工具

从生产资源到合伙人

互联网时代,周围的一切都在快速变化,合伙人机制更能稳定地凝聚人心。

2018年9月,"马云就要退休"的消息一时间席卷了世界,成为全球范围内最大的财经新闻。随着这一消息被铺天盖地传播,"阿里式合伙人制"也上了网络热搜。

2013年以来,在谈到合伙人制时,很多人都会提到阿里巴巴。原因主要有二:一是阿里巴巴是过去十几年间崛起的具有世界级声誉和影响力的公司,二是其合伙人制度有着自己的独特性,公司合伙人对公司发展有着绝对的控制权。下面,我们就来分析和归纳一下阿里巴巴的合伙人制度建设:

全员持股计划。在公司成立之初,阿里巴巴就推行了全员持股计划。这里所说的"全员持股",并不是所有员工都持有公司的股份,而是指针对全体员工的持股计划。具体是指:满足一定条件的员工,有资格持有一定数量或比例的公司股份;不具备相应条件的员工,虽然暂时不能持有公司股份,但未来也有希望持有……一句话,阿里巴巴的员工持股计划针对的是全体员工。

与全员持股配套的管理政策。与员工持股计划相配套的内容主要有:公司的事业梦想与业务逻辑、公司选拔和任用人才的标准、公司考核和奖罚人才的标准、公司的文化准则和人才培养体系。这些管理相关内容的存在与完善，让员工股权激励计划得以顺利落地。

"阿里式合伙人制"的内容。阿里巴巴的合伙人制度并不是其合伙人制的全部，只是"阿里式"合伙人制度的内容。该内容是：通过制度安排，将公司控制权掌握在核心创始人及管理层的手中，传承他们所代表的企业文化，并使公司按照他们的经营管理意志向前发展。"阿里式"合伙人的资格要求是：合伙人必须在公司工作满5年；必须持有公司股份，且有限售要求；由在任合伙人向合伙人委员会提名推荐，并由合伙人委员会审核同意其参加选举；在一人一票的基础上，获得超过75%的合伙人投票同意，合伙人的选举和罢免不用经过股东大会审议或通过；对公司发展有积极贡献；高度认同公司文化，愿意为公司使命、愿景和价值观而努力。

最近几年，企业界炒得火热的一个词就是"合伙人"，很多人高呼"职业经理人已死，现在是合伙人时代"。其实，合伙人制度并不是今天才出现的，回顾晋商的历史可以发现，用"身股"入股的股东，就是合伙人。

工业时代，共有四大生产要素：资金、土地、劳动力和企业家才能。其中，最重要的因素是资金，资本家掌握着最大的价值。移动互联网时代，资金不再匮乏，人才和企业家才能成为价值创造的火车头。实施雇用制度，经理人容易出现短期行为，股东与经理会出现信息不对称，经理人甚至还会损害股东利益。合伙人时代的到来，减少了短期行为，合伙人更重视企业的长期发展，更会基于增量获取企业的发展收益。

所谓合伙人就是合伙创业，成为平等共担共享的伙伴。对公司的具体表现就是：获得股份或分红权，成为股东，成为自己的主人。合伙人公司是指，由两个或两个以上合伙人拥有公司并分享利润的企业；这类企业既可以由所有合伙人一起来经营管理，也可以由部分合伙人经营，其他合伙人仅出资并自负盈亏即可。

提到合伙人制度，业界的概念非常混乱：有人认为这是一种法律结构，有人觉得是一种股权激励，还有人认为这主要说的是公司控制权。其实，"合伙人"一词最早出现在合伙制企业中，需要追本溯源，从合伙制企业讲起。

合伙制企业是一种法律意义上的企业形态，最早出现的是"普通合伙企业"。这种企业只有"身股"，没有"银股"，合伙制企业一般都处于轻资产、重人力资本的行业，公司的成功依赖于员工的智慧和经验，其他都不重要；合伙人必须是企业管理者，还要经过严格筛选，既是公司员工，又是公司的所有者；一旦离开公司，股份就会被强制回购，如果发生意外死亡，继承人是不能继承股份的，除非在公司担任管理职务。

之后，出现的是"有限合伙企业"，主要在股权投资（PE）行业流行，分为普通合伙人（GP）和有限合伙人（LP）两类。通常情况下，GP出资1%，LP出资99%；GP主要负责基金的运作，LP不能参与具体运营事务；分配利益时，所有人收回投资成本后，按照20%：80%的比例来分配投资收益。这种企业最大好处是：GP不仅能用极少的资金撬动上百倍资金，能牢牢掌握公司控制权，还能获得远超出资比例的超额收益。

今天，合伙人制度同样适用于公司制企业。在倡导"合伙人制度"的公司制企业中，部分股东是"银股"，通过出钱成为股东；部分是"身股"，通过人力资本成为股东。不同的是，在移动互联时代，不仅高度重视"身股"的价值，还赋予合伙人三种重要权力：股权激励、公司控制权和身份象征。

企业该选择怎样的合伙人，选择合伙人要遵循哪些原则呢？

1. 重诺守信

合伙经营企业，重诺守信是对合伙人最起码的道德要求，也是最基本的要求。如果合伙人不具备这一最起码的商业道德和做人道德，合作的事业必然会失败，倒不如不合作。重诺守信之所以如此重要，是因为堡垒最容易从内部攻破，合伙人了解企业内部的所有情况，包括技术秘密、经营网络、人员档案；再加上他们拥有强大的权力，如果居心不良、另有所图或不守承诺，合伙就会危机重重。

另外，在合作的过程中，总能看清他是怎样一个人，如果对方不守信用、不讲信誉，甚至人品有问题，你就会产生放弃合作的念头，而要想达到这一目的，就要解除合作关系。如此，你的资金、人员、关系、精力等都要遭受不必要的损失，甚至让你元气大伤。

2. 志同道合

俗话说得好："道不同，不相为谋。"合伙经营企业，彼此之间最直接的认同就是志同道合。这里所谓的"志同"是指目标、动机或梦想是一致的，比如，都是为了赚钱、都是为了出名，或者都是为了实现人生理想。这里所谓的"道合"，就是指，你们的经营思路和经营策略基本上一致，懂得求同存异，不会出现太大的矛盾。

不同的人经营企业的目的不会完全相同，由此经营战略和思路及经营方法也不会相同。公司的最终发展，取决于合作人的目的和动机。比如，是想办一家百年老店，还是想尽快收回成本，不同的动机和目的，就要采用不同的经营思路和经营方法。需要注意的是，在企业建立初期，经营目标可能只是一个朦胧的意识，一旦企业发展到一定程度，目标就一定要明晰起来，不能糊里糊涂。

3. 优势互补

每个人都有自己的长处，也有不足，这很正常，这也正是选择合伙人的重要原因。你有优点和缺点，合伙人同样也是，问题在于你们之间的优点和缺点能否优势互补。比如，你做事容易冲动，如果合伙人同样如此，最好就不要合作；如果他做事考虑比较周密，能够弥补你的缺点，合作才是相得益彰，成功的概率才会增加。优秀的合作结构，不仅能使合伙人的能力得到充分发挥，还会产生一种新的力量。所谓"整体之和大于部分的简单相加"，说的就是这个道理。

4. 德才并重

选择合作对象，一定要德才兼备，全面衡量，不能只看其中一点。"有德无才是庸人，有才无德是小人"，因此选择合伙人的时候，一定不能见才忘德，更不能见德忘才。

传统企业"触网"三部曲

传统企业投入互联网时,为了不让自己夭折,就要不断地进行自我调整,探索出属于自己的模式,无限地扩张品牌价值、品牌文化和品牌精神。

互联网时代,实体书店面临前所未有的挑战,而台湾地区的诚品书店却成为实体书店创新经营模式的典范和标杆。

多年来,凭借专业、独到的选书能力,以及多元通路和文化创意活动平台的整合经营能力,诚品书店丰富了读者的阅读和生活面,发展出"以顾客为核心"的一体化服务、多元化经营模式。

诚品书店运用互联网的营销思维,通过体验式、参与式的营销方式,将书店、百货和餐饮融合在一起,读者在阅读的同时,还能享受到休闲与娱乐的乐趣,将书店的文化气息保留了下来。诚品书店改变了用户单一纯粹的看书方式,构建起了书和生活并存的形态,产生了书和非书以及相关服务的书店文化消费方式,产生了新的商业模式和产业模式。

诚品书店对营销模式与用户体验进行了不断的迭代和升级,把生活态度融入到客户体验中,将自己的品牌价值传递给用户,营造了一种用户的文化认同感。同时,互动体验的营销方式占比越来越多,满足用户需求的产品也越来越多。

诚品书店从线下出发，实现了应用互联网营销思维，经营流量的传统书店的变革。2015年在大陆相继开办了苏州诚品和上海中心诚品。诚品将自己打造成了以阅读为出发点的文化创意产业整合经营平台，在这里，读者不仅能够阅读到书，更能够见识到形形色色的人。

如今，在日常生活中，我们不需要像从前一样冒着风雪去逛商场、逛超市，只要坐在家里打开电脑，就能轻松下单，参与"抢购""团购"等活动；只要在网上轻轻动几下鼠标，就能在最快的时间拿到自己想要的东西……网络的出现，为我们带来了无限的方便和快捷。

随着科技的不断发展，电子信息技术也取得了飞跃进步，信息化成为未来发展的大趋势。传统企业如果依然踌躇在"网"前，无所作为，必然会影响到企业的整体发展。当然，这里所说的传统企业，主要是指"触网"不深或还没有"触网"的企业，指的是不懂利用互联网资源使利润最大化的企业。

互联网时代，是最好的时代，也是最坏的时代。互联网充满各种机遇，同时也弥漫着危机，既是对传统的颠覆创新，也能有效促进社会资源的融合，让跨界成为一种可能。

传统企业要顺应时代发展潮流，积极实践"互联网+"战略，利用互联网平台，利用信息通信技术，把互联网和各行各业结合起来，在新的领域创造一种新的生态；如果不想被淘汰，就必须跟互联网融合到一起。

步骤1：转变固有的思维

要想将互联网思维和企业的业务特性结合起来，就要建立起适合企业发展转型要求的互联网文化理念；要通过各种培训研讨、行动式学习引导，帮助管理者突破固有思维禁锢，统一思想，树立转型变革的紧迫感，为转型推动进行铺垫。

步骤 2：创新发展模式

对企业的现状、能力及拥有的资源进行调研分析，深入剖析互联网转型案例商业模式，剖析互联网技术驱动商业模式，明晰互联网转型定位与方向，创新商业发展模式，推动企业的健康化发展。

步骤 3：建立可行的运营平台

互联网环境下，要想实现新的运作模式，就要有相应的配套 IT 平台支撑。另外，还要对相关的 IT 平台进行持续开发和不断的迭代式优化，跟业务运作实现无缝对接。

大数据形而上，小数据形而下

互联网时代，凭借数据，就能帮企业进行商业决策。因此，想要了解市场，就要获得数据的支持，比如，大众喜好什么？市场需要什么？变现的契机是什么？

网络上曾出现过一则很火的帖子：

一个年轻人应聘到上海一个均价4万的高档小区的物业，工作之余，他为自己配了扫描枪，每天都会盯着小区垃圾堆，看到条形码就扫描；晚上回家，再将数据整理出来，以此推算出：该小区居民喝什么水、吃什么油、买什么衣服……整个小区的消费品类偏好和品牌偏好一目了然。之后，他将数据整理成报告卖给大公司，获利数十万。

这就是数据的魅力！

互联网时代，信息交换频率无限增强，工作、生活、娱乐、学习等都可以由数字分析得出，企业的经营方式也从口口相传时代过渡到数据挖掘时代。企业每时每刻都能产生和累积大量的业务数据，只要认真分析这些数据，就能真正了解用户，抓住用户心理，继而根据用户不同的消费习惯、消费能力等，为他们提供精准的个性化产品和服务。

互联网不但让实物财富变成了数据，也让知识和创意变成了巨大的商业

第六章
先利其器——产业工人与技术工具

利益。随着越来越多的生产要素、生产场所、生产活动被搬到网上，数据本身也成为一项至关重要的资源。

如今，得数据者得天下，拥有核心数据资源的企业，就能依赖强大的数据资源积聚和处理能力，形成新的垄断形态，利用信息优势占据产业链的主导地位。信息资源是企业控制产业链资源配置话语权的兵符，因此企业要有意识地对自身业务数据资源加以积累和利用。

通过数据，人们既可以了解历史和现状，也可以预测未来。今天，借用互联网泛化形成的庞大数据资源，人们更能对各种事物的演变过程进行深入的认知和理解，不要依靠模棱两可的玄虚言辞对未来给出预测判断，要获取各种客观数据加以支撑，而且对于各种预测，数据越具体越有效。

如今，在大数据的使用上，传统企业依然不如互联网等新兴科技企业那样如鱼得水，传统企业面临着更多的挑战和困难，那该如何把握住大数据发展的契机，更好地发挥大数据的价值呢？

1. 实践中创新机制

运营大数据，随着业务开展的深入，业务管理、资费管理、合同管理、财务管理等工作都会冒出来，公司的机制和流程可能就会产生不适应感，因此最好在实践中逐步建立。执行项目时，尽量不要套用原有的流程，否则容易牵扯到太多部门与琐碎杂事，更无法招聘到合适的人才。

如何来选择流程的去留呢？传统大企业一般都有较长的审核流程，如果发现这些流程速度不够快，为了适应新的形式，就要主动去想办法精简原有的流程，包括预设账号等。

对于业务模式，也需要在实践中不停地尝试和总结，走出自己的路。例如，为了满足项目的需要，可以创立新的标准化服务模式、合作运营模式、项目化合作模式、PaaS服务模式等。各业务伙伴的能力不同，要求也不尽相同，传统企业在大数据运营初期，就需要进行更多的合作，逐步积淀经验，从中找到合适的支撑模式。

2. 由低到高逐渐递进

传统企业一定要以敬畏之心进入大数据，因为对于大数据的认识现在只有一维，而BAT则是三维，一维对多维，只会输得很惨。因此，传统企业一定要脚踏实地一步步跟进。开始的时候，要尽量做得少一点，做得深一点，由点到面，逐步形成自己的能力和产业。

企业的发展方向是：依托自己的数据优势去理解产业，不断优化自己的模型，努力打造自己的技术，逐步由开采向加工转变，并衍化为自己的产品。想要在大数据产业上有发言权，就要不断努力，不能好高骛远。

3. 重视有效的价值数据

能力强的就做大数据平台，能力小的就用原有的报表系统；能力大的可以把所有的数据都采集进来，能力小的可以采集客户最迫切需要的价值数据。要重视"二八定律"，在没做任何系统改造的前提下，可以去承接客户的需求，只要有需求，就能获得资源的支持。因此，大数据是否采集全，大数据平台是否建立，并不是开展大数据运营的必然前提。要想将大数据业务开展好，完全可以先有业务，再慢慢建立平台，两者相辅相成。

4. 脚踏实地，少些空谈

传统企业做大数据，一定要脚踏实地。关于大数据价值，安全依然是最大的问题。仅召开会议，不经过真正的身体力行，连业务模式都不明确，基础知识还没掌握，就否定一个潜在巨大领域的潜力，实在不是明智之举。要确定责任部门，将人员聚集起来，结交合作伙伴，努力完成业务，搞清楚业务流程——商业模式、数据需求、系统要求、安全隐患等，最后做出一份务实的评估报告，以此来决策。从无到有，差的就是是否走出了坚实的一步。

5. 进行性价比考核

任何业务创新，利润都是最终的目标。要想做大数据运营，就不能忘记初衷。无论你的业务收入目前对于公司总收入是否重要，都要树立绝对的商业意识，按照企业的规律办事。因此，一开始就要认真考虑投入成本和获取收入，收入要与传统业务划清边界，否则后患无穷。

6. 互联互动，开放心态

目前，企业面临的最大问题是数据没有联合。数据维度太少，缺少力量，无法直接引起对客户的洞察，建立大数据还有很长的生态路要走。因此，传统企业，从开始做大数据起，就要以开放的心态，树立连接意识，同时想办法扩充自己的数据，互联互动。

云计算、云结点、云思路

随着互联网的不断发展,云计算等新兴技术逐渐步入人们的视野,推动着传统行业的快速变革。

举两个例子:

案例1:

2015年12月,重庆亚马逊AWS联合孵化器基地开园,入驻的创客团队,能够获得最高10万元无偿提供的启动资金,这也是亚马逊AWS在中国中西部地区设立的首个孵化器。

亚马逊AWS中国充分利用AWS云计算平台和AWS合作伙伴等资源,积极打造创业、融资、市场、技术等四大平台,主要为新创企业提供云服务、技术培训、业务技术辅导等孵化服务;同时,搭建新创企业与天使、VC投资企业或个人的交流接触平台。

案例2:

2015年春运火车票售卖量创下历年新高,而铁路系统运营网站12306却没有出现明显的卡滞。之所以能做到这一点,关键之一就是与阿里云的合作。12306把余票查询系统从自身后台分离出去,在"云上"独立部署了一套余票查询系统。余票查询环节的访问量几乎占到网站的九成流量,这也是往年造成网站拥堵的主要原因之一。把高频次、高消耗、低转化的余票查询环节放到云端，12306 的后台系统主要负责下单、支付等核心业务，就为 12306 减负不少。

云计算是基于互联网的相关服务的增加、使用和交付模式，涉及通过互联网来提供动态、易扩展且虚拟化的资源。美国国家标准与技术研究院（NIST）是这样定义"云计算"的：这是一种网络访问，按使用量付费，方便快捷、操作简单、按需使用，进入可配置的计算资源共享池，资源能够被快速提供。

举个例子：过去如果想喝水，人们就必须亲自挖井；如今，则由自来水公司统一提供，我们只要支付水费即可。同样，过去如果想完成一个巨大的计算量或储存大量的数据，企业都需要购买硬件设备，配备技术人员；有了云计算，企业就能直接完成这个过程，只要支付一定的租金。

在云计算平台上，可以使用互联网上托管的远程服务器网络来存储、管理和处理数据，是企业发展的未来方向，极大地改变了企业的业务运作方式。云计算可以让企业高效地运营业务，已经被运用得很普遍，甚至连洗衣机都可能在云端运行。

在"互联网+"浪潮的号召下，众多传统企业都想走上互联网转型的道路，可是面对高成本的硬件设备和不合理的资源配置，只能望而却步。而云计算正好能够解决这个问题。云计算充分利用资源，能够帮助各大中小型传统企业进行转型升级。

下面是云计算的四大应用领域：

1. 云交通

随着科技的不断发展，智能化的逐渐推进，交通信息化也被不断布局，运用搭建起来的云资源，统一指挥，高效调度平台里的资源，处理交通堵塞，应对突发的事件处理……效力都能显著提升。

所谓云交通是指在云计算之中整合现有资源，针对未来的交通行业发展，将未来所需求的各种硬件、软件和数据整合起来，满足 ITS 中各应用系统，满足交通行业的需求，如基础建设、交通信息发布、交通企业增值服务、交通指挥提供决策支持及交通仿真模拟等。

云交通的贡献主要在于：借鉴全球先进的交通管理经验，打造立体交通，彻底解决城市发展中的交通问题。具体来说，主要包括：地下的新型窄幅多轨地铁系统、电动步道系统；地面的新型窄幅轨道交通；半空中的天桥人行交通、悬挂轨道交通；空中的短程太阳能飞行器交通等。

云交通中心，主要负责各种交通工具的管制，并利用云计算中心，向个体的云终端提供全面的交通指引和指示标识等服务。

2. 云医疗

如今，云计算在医疗领域的贡献让医院和医生赞不绝口。从挂号到病例管理，从传统的询问病情到借助云系统会诊……这些创新技术填补了传统医疗上的很多漏洞，也为患者和医生提供了方便。

在云计算等 IT 技术不断完善的今天，一般的 IT 环境已经不适合许多医疗应用，医疗行业必须实现创新，建立专门满足医疗行业安全性和可用性要求的医疗环境，"云医疗"应运而生。

"云医疗"是 IT 信息技术不断发展的必然产物，也是医疗技术发展的必然方向。"云医疗"主要包括医疗健康信息平台、云医疗远程诊断及会诊系统、云医疗远程监护系统以及云医疗教育系统等。

3. 云通信

如今，各大企业的云平台，使用最多的就是各种备份，比如，配置信息备份、聊天记录备份、照片等的云存储和云分享，在重置或更换手机的时候，就能一键同步，一键还原，省去很多麻烦。但是，处于信息技术快速变革时代，人们接触到云通信远不止这些。

云通信是云计算概念的一个分支，指的是，用户利用客户端，通过现有局域网或互联网线路进行通信交流，不用经由传统 PSTN 线路。如今，ADSL 宽带、光纤、3G、4G 等高速数据网络日新月异，云通信给传统电信运营商带来了新的发展契机。

4. 云教育

目前，我国的教育现状是：中国疆域辽阔，教育资源分配不均，很多中小城市的教育资源长期处于一种较为尴尬的地带。为了应对这个问题，就可以定制相应的信息技术促进教育变革，利用云计算进行教育模式改革，就能促进教育资源均衡化的发展。

云计算在教育领域中的迁移，就是"教育云"。"教育云"是未来教育信息化的基础架构，包括教育信息化需要的一切硬件计算资源；但这些资源被虚拟化，就能为教育机构、教育从业人员和学员提供一个良好的平台，为教育领域提供云服务。

"教育云"包括成绩系统、综合素质评价系统、选修课系统、数字图书馆系统等。

傻瓜产品与极简主义设计

一、"傻瓜"思维

所谓"傻瓜"式思维就是：放弃专业思维方式，放弃专业知识和专业技术，将自己变身为没有专业背景的用户，面对问题、考虑问题、想办法解决问题。这种思维并不是说要当一个"不知道自己不知道"的人，而是成为一个"不知道自己知道"的人。

在白酒行业，有一种品牌，与其他白酒品牌相比，除了资金情况更差，思考维度不同，行业内大家都觉得不好，偏偏消费者买单……它就是江小白。江小白之所以能产生这样的效果，就是因为很好地实践了"傻瓜式"思维。

江小白以目标消费群体的情绪为出发点，目标消费群体一看就知道自己喝的什么酒，瞬间就为自己找好了借口。按照一般人的观念，从"专业"角度来看似乎有点不务正业，卖酒的不在酒体上下功夫，就是"傻瓜"！可是，仔细查看江小白酒发展的路径就能发现：真正决定事情成败的，是能否掌握一种"外部视角"，而不仅仅是我以为如何如何！自娱自乐不讨好，让目标消费群体能立刻感觉到你想表达的是什么意思才是关键。

这种能力简而言之就是：让自己瞬间变"傻"的能力！让一个聪明人变

得不那么聪明,并不容易,但江小白却直接把筛选出的语录印在瓶标上,一看就明白!

对于一件事情,如果让你瞬间做出决定,成功概率估计也就50%,就像抛硬币猜正反。瞬间做出判断,不管多专业、多聪明,以往的知识都会毫无用武之处;但是,把时间拉长,即使同样是抛硬币猜正反来定输赢,可能就会发现赢钱的概率并不都是50%,而是越有钱获胜的可能性就越大。由此可见,聪明、努力的人与"傻瓜"相比,可能才是真正的"傻瓜"。

聪明人或被套牢,或换项目,过得最累、最焦虑,付出与收获没有成比例,从奋斗角度、从付出的精力与时间来说,他们都远比普通人付出得多,却无法成为最成功最优秀的人士。

企业发展,不是"乱拳打死老师傅",不是时代交替的必然产物,其实是外行与内行之间的博弈。比如,发明余额宝的不是银行、最先做打车软件的不是出租车公司、原本做杀毒软件的竟然把手机做到了极致……在某个行业深耕了数年,好不容易成了某个领域的专家、建立了某种优势,结果转眼之间却被一个"不讲章法、乱打乱撞"的新兵蛋子给打败了,来不来气?这里发挥作用的就是"傻瓜式"思维。

二、简约思维

在互联网思维中,简约思维是产品设计首先要思考的问题。其实,简约并不是最近才兴起的新鲜事物,在很早之前就已经被运用到一些互联网巨头的文化设计中,比如,百度就散发着这种简约思维的魅力。

打开百度,会看到一个简单的搜索框,开始的时候人们都很难将它与世界互联网巨头联系到一起。因为,页面只有简单的几个字和一个LOGO,外加一个搜索框。整个页面看起来冷冷清清，甚至还显得有些单调。但就是这种简约的设计，让用户能在第一时间看到搜索框，清楚地了解了产品的本质。

除了风靡全球的网站页面设计适用这种简约思维，创意产品的设计也需要简约思维。原因就在于，在信息大爆炸的互联网时代，用户的耐心越来越有限，无法在第一时间吸引用户的注意力，企业就可能错失很多商机。因此，想要在第一时间就吸引用户，就要简化产品功能，否则用户可能还没弄明白你的产品到底能干什么，就会被其他产品吸引了目光。

外表一般都不如内在重要！产品想要拥有简约的内涵，就要让用户在第一时间找到自己需要的功能，并让用户适应这个设置。因此，企业必须专注，要用最专注的心，做出最简约的产品。

当然，这里说的"简约"并不是"简单"。大道至简，看似简约的设计，其实都经过了设计者的不断打磨，需要从复杂的设计中提炼出核心元素，才能逐渐成形。甚至可以说，看似简单的东西，往往都经历了最复杂的选择和变更过程。

企业要想将产品做到简约，可以参照下面两条标准：

1. 专注一件事

关于这一点，苹果手机就是最典型的例子。1997年，苹果公司濒临破产，乔布斯临危受命，回到了苹果。回到苹果后，乔布斯减少了苹果70%的产品线，重点开发4款产品，没过多长时间，苹果就起死回生，扭亏为盈。

设计品牌，一定要专注，要给消费者一个选择的理由。比如，全世界为什么会有那么多的"果粉"为苹果手机而疯狂？就是因为苹果的操作模式异常简约，潜移默化中已经影响了成千上万的苹果手机用户。

2. 简约简单

设计产品的时候,企业要学会做减法:外观要简洁,操作流程要简化。比如,特斯拉汽车的外观永远都是清爽的,沿袭了这种简约设计。企业做产品,不要贪大求全,不要总想为用户制造出功能更加强大的产品。殊不知,用户并不需要多余的功能,只需要最能帮他们解决问题、简单易操作的产品。

流量、体量与分量

网络时代,流量意味着体量,体量意味着分量,免费往往是获取流量的首要策略!

拼多多的成功原因有多个方面,比如,"消费降级"的商业模式;赞助综艺而获得的品牌曝光;洗脑的广告歌曲。但是,我们更愿意将拼多多成功的主要原因归纳为——获取了"海量、活跃、可信、高转化"的微信流量的支持。

拼多多代表的"异类"崛起,让我们看到了下沉市场中的新机会。资料显示,2015年,拼多多和拼好货并行发展,分别主打不同市场——拼好货主要通过C2B模式经营水果生鲜;拼多多则定位于商家入驻型平台,主要经营家居生活、箱包服饰和食品等多个品类。

2016年,拼多多与拼好货合并,之后逐渐发展壮大并上市。拼多多在招股书中表示,未来的目标是打造由分布式智能代理网络驱动的Costco与迪士尼的结合体。虽然拼多多距离这两大巨头还有很大差距,但其最大优势在于:直接打通了商品源头产地与消费者之间的渠道供应链,减少了中间环节,降低了成本,提高了效率。

该模式成立的大前提是:产品生产流程简单,工艺不复杂,尤其是生鲜类。拼多多认为,"拼"能快速聚集消费者需求,实现大规模多对多匹

第六章
先利其器——产业工人与技术工具

配；再利用成本低廉的物流网络，就能减少层层中间环节，将农产品直接从农庄送到消费者手中。这一方式，不仅能提升消费者体验，还能实现不同品质、种类和数量的小规模农业产物的半定制批量处理。简而言之，通过提高效率、降低价格，拼多多满足了原本不受主流重视的部分人群的消费需求。

所有的机遇都来自于矛盾和变化，以拼多多为代表的新品类所崛起的大背景，便是下沉人群崛起的消费意愿，与供给侧不平衡带来的矛盾和变化，这里蕴藏着大量的好机会。过去，对于同等质量的日用品、服装类产品，县城的价格要明显高于一线城市，因为消费不集中，供给没有形成规模，中间要经历很多流通环节，只有将流通渠道穿透，才能产生巨大效能，这就是拼多多的主要成功之处。

如今，"流量"这个词，已经成了所有互联网公司、微商、电商行业提及频率最高的一个词，好像只要有流量，就能解决所有问题。尤其是电商行业，没有流量就是等死。那么，究竟什么是流量？在实体经济时代，流量就是街道上的行人；互联网时代，流量就是互联网这个街道、通道上的行人，就是IP，就是用户。

用户目光聚集的地方，金钱必然也会紧追而上；只有量变积累到一定程度，才能引起质变；只有发生了质变，才能实现变现。如何获取流量呢？

1. 直播营销

内容方面，遵循年轻化、趣味性、爆点密集。可以选择不同的平台：综合型直播平台，提升品牌宣传声量；电商直播平台，直接获取销量转化。此外，还可以将两者结合使用，将直播当事件来营销引入流量。

2. 微信营销

像对待超级 APP 一样对待微信服务号，将创意、技术、福利融入其中；同时，要遵循"轻、快、有网感"的原则，通过社会化的营销引爆话题。

3. 数字广告

要在搜索引擎营销 SEM、搜索引擎优化 SEO、应用商店优化 ASO 三个方向，将付费与免费结合在一起，同时将 ASO 拦截到最后一公里流量。

4. 跨界营销

企业要本着"真诚、务实、高调和捞过界"的原则，找到合适的盟友，了解可交换的流量，最终实现"1+1＞2"的效果。

5. 裂变营销

APP 裂变、微信裂变、线下裂变；游戏思维、技术部署、存量找增量。三个技巧加三个元素，玩转裂变。

6. 事件营销

要"轻快爆"：内容轻、发力快、爆点强。"爆"主要体现在五点：热点、爆点、卖点、槽点和时间节点。

7. 品牌营销

品牌营销简单讲，就是把企业的产品特定形象通过某种手段深刻地印入消费者心中。要做好品牌营销，以下五方面要素不可忽视：质量第一、诚信至上、定位准确、个性鲜明及巧妙传播。

好产品会说话

好产品会说话,说的是产品本身存在的吸引力。只要打造极致产品,酒香就不怕巷子深!要想做出优秀的产品,就要懂得专注的力量,不需要面面俱到,只需要一个理由,让人们甘愿选择你的产品即可。

将产品做到极致,就是要尽可能地少做事,甚至仅做一件事。只要能把这件事做好,就可能取得巨大的成功。总想着多元化,生产很多产品,最终都是哪种产品都不出众,缺乏竞争力,无法生存下去。

这里,专注是"极致"的前提条件。全心全意地做一种产品,就可以把所有力量集中起来;将该产品做好,企业自然就能充满活力。移动互联网时代,人们更加追求快速与极致,只有将注意力集中在一件事物上,做到极致,才能够做到这一点。

不管什么企业,只要专注到一个点上,将产品做到极致,就会赢得用户的喜爱,就能在激烈的市场竞争中获得更大的筹码。只要将事情做到极致,在一段时期内把全部力量集中起来,坚持不懈,就可能创造出重大突破。

用户的需求是多元化的,但也有主次大小、轻重缓急。只要产品能满足用户最重要、最急迫的需求,用户就会报之以李,成为企业的忠实用户。一味地随波逐流,缺少极致思维,就无法真正看清用户的需求,也就不能生产出高于用户预期的极致产品。

互联网时代,"渠道为王"已经逐渐转变为"产品为王",生产不出极致产品,就无法赢得消费者的青睐。对于刚起步的公司来说,专注思维更关系着生存大计。企业拥有的资金、人力、资源和门路都极其有限,只有集中力量专注于某个突破口,才可能获得消费者的支持。那么,如何运用极致化思维呢?

1. 将产品做到极致

这里所说的"产品"是指,除了附属价值之外的产品属性,包括核心产品和实体产品。产品能否打动消费者,能否让消费者在接触到产品时情不自禁地发出"哦呜"的声音,并义无反顾地爱上你的产品,关键在于,能不能将产品做到极致,能否触动消费者内心的"琴弦"。在这一点上,苹果最有发言权。苹果用十年的时间证明:在如今的世界,一款"好产品"足以影响企业的命运。

乔布斯是苹果的创始人,非常偏激,比如,可以在一段时间只吃一种素菜,如胡萝卜,一直只吃胡萝卜,吃到身体变橙色。也许正是因为这种偏激,所以让乔布斯在苹果手机研发过程中有了极致追求。

在很多公司对平庸产品感到心满意足时,乔布斯却用"顽固"的态度来面对产品研发。如果产品达不到他的要求,他宁愿放弃。在苹果产品研发中,乔布斯对产品保持着一种极致的状态,每个步骤都追求细节的精确。无论是外观设计,还是用户体验;无论是工业设计,还是系统设计,甚至是主板如何摆放,乔布斯都要求美观,不想让用户破坏掉内部的任何东西。为了设计手机包装盒,他可以在停车场跑来跑去,专心致志地观察所有奔驰车,疯狂地观察它们印刷的字体、颜色和格式,之后将这种设计应用在苹果的产品包装盒的设计、折叠线、材质和印刷等上。

2. 提供极致服务

服务即营销，能不能将服务做到极致，是产品运营的一种营销方式，那么如何将服务做到极致呢？

（1）超越消费者的期待。极致就是超越预期，极致的服务也是超越用户的预期的。比如，海底捞的排队叠纸鹤服务，就是超越期待的服务。原因在于，座位坐满了，顾客等位是合情合理的，只要保证有空间让顾客等位，就可以了。在这个基础上，如果能送出免费饮料小食、免费做指甲和擦鞋等服务，就能超越消费者的期待。

（2）站在客户立场想问题。产品或服务的精髓就是三个字：同理心。企业和消费者能够感同身受，实现"看似陌生人但胜似朋友"的默契，产品或服务就能让人产生愉悦。消费者和企业都是世界的一员，企业的主要工作是为消费者提供产品和服务，消费者接受产品或服务后，也要去做他的工作。

（3）每个人都是服务员。传统企业的做法是，管理团队下设产品团队和客服团队，两者不定期进行用户调研。结果，与用户接触与交互总是隔着一层，也不够实时。而小米的管理、产品和客户团队则是同时通过新媒体接触用户。发布小米1的PPT中，出现过一个图片，它是小米客服的001号，而整个小米是全员服务。小米的微博客服团队有一条硬性规定：用户@小米后，必须在15分钟内做出反应。此外，小米还对进入新媒体阵地进行了定位划分，不仅共同承诺客服任务，还形成了"微博拉新、社区沉淀、微信客服"的体系化运作架构，能够将每个阵地的属性效果发挥到最大。

第七章

无限关联
——万物互联，万物赋能

技术关联：越连接，越强大

随着互联网技术的不断成熟，人类已经进入到万物互联的"大连接"时代。在互联网时代，万物皆可连接，关键是要知道信息的关联度。所谓的关联度，就是人的认知度。

与"互联网+"相比，"万物+"在互联、赋能、协同、创新上实现了全新突破。

科通芯城是一家在香港上市的深圳企业，是第一家把互联网模式引入中国电子制造业的企业，目标是做"企业级服务的阿里巴巴"，将中国成熟的电子制造业产能输向全世界。

其实，在2012年之前，科通芯城也仅仅是一家电子元器件企业采购交易平台，业绩平平，年营业额只有1亿元。虽然引入了电商模式，但流量却没有最终转化成订单。之后，该企业把业务重心放在了"如何影响交易的决策"上。为了找到真正适合自己的互联网工具，科通芯城积极寻找，正好遇到了微信。那时的微信也需要企业级客户，双方一拍即合。

微信开放接口，科通芯城提供定制设计和后台云服务，做了公众号——"芯云"。在微信接入的第一批行业应用中，芯云是唯一的企业级应用。此外，该企业还在微信应用中整合了企业运营的业务流程，微信成了移动版的

CRM（客户关系管理系统）和 ERP（企业资源计划系统），降低了企业运营成本。

于是，科通芯城迅速形成了第一批网络效应，众多用户加入社区。仅用了三年时间，社区规模就发展到 400 万人。2014 年，科通芯城线上销售过百亿。

"万物+"时代，广域网和短距离通信等技术大规模应用，更多的传感器设备接入网络。在"万物+"环境下，无所不在的感知、通信和嵌入式系统，赋予了物体采集、计算、思考、协作和自组织、自优化、自决策的能力，产品、机器、资源和人有机联系起来，形成了高度灵活、人性化、数字化的生产与服务模式。

"万物+"还能打破垂直行业的"信息孤岛"，将生产者、消费者、经销者、管理者、调度者以及各种设备和服务连接起来，带动万物协同，促进了大规模开环应用的发展，形成了新业态，实现了服务的增值。同时，利用平台对数据的汇聚，挖掘万事万物的数据价值，还衍生出很多新的应用类型和应用模式。

如今，大数据在各行业的应用逐渐加快，进入稳步成长阶段，金融、政务大数据凸显引领作用。虽然目前以金融、政务、交通、电信、商贸、医疗、教育、旅游行业为代表的消费端大数据应用占比为 89%，但总体看，我国行业大数据发展正在由消费端向生产端逐渐渗透。

万物互联是在互联网基础上的延伸和扩展，其核心和基础仍然是互联网。互联网的本质主要在于三个字：联、互、网。

1. 联就是联结

"联"就是将现实社会中的事物与网络连接起来。在互联网的世界中，每个物体都可以与网络连接,为实现信息的传递与共享打下基础。

2. 互就是互动

让信息双向流动,让在线的个体通过网络实现信息的双向交互,让众人具有同时互动的能力。同样,众多人和物也能实现互动。在互联网打造的奇幻花园,随处显示着和谐共融的生态。而这一切都要得益于互联互通的网络,以及万物可以实现交互的信息机制。

3. 网就是结网

一旦在人之间、物之间,甚至是人与物之间实现了交互,在保证系统稳定性的前提下,如何让他们通过协同的方式完成一件事情?必须依靠在链接与交互过程中形成的网络生态体系,即用网络的方式完成协同、分工和合作。所谓结网就是,尽可能多地连接节点,形成纵横交错的柔性网络体系。

随着人与人、人与物、物与物之间的互动越来越频繁,交织的网络也会越来越密集,信息传递的通道更会越来越多,就能用更高效的方法来完成过去很难完成的工作。

第七章
无限关联——万物互联，万物赋能

思维关联：嫁接模式与对接模式

如何从思维共享中获益？越是思考能力差、认知水平低的人，越相信自己的想法；越优秀的思考者，越出色的领导者，越能理解思维共享的力量，更愿意倾听别人的想法，因为他们知道，一旦自己重视他人的思想和想法，就会获得思维共享的复合收益，取得比自己独立思考更大的成就。

为什么要和别人的好想法去碰撞？

1. 思维共享比单独思考更成熟、更全面

每个人都有别人没有的经验，把大家的经验放在一起，自己就能更加成熟。麦克斯韦尔刚当上牧师的时候非常有志向，精力充沛，但他没有经验。为了克服这一点，他找到几个正在不断发展壮大的教堂的牧师，希望他们能够跟自己分享想法。在1970年初，麦克斯韦尔写信给全国10个最成功的牧师，告诉他们：他愿意出100美元，让这些牧师跟他见面一个小时，向他们提问。只要有人答应了请求，他就会去拜访，不管多远。麦克斯韦尔只会问一些问题，不会说很多话，因为他拜访是为了学习。沟通的时候，他会仔细聆听别人说的每一个字，会详细做笔记，会尽自己所能地吸收一切。

2. 思维共享比单独思考更稳固

歌德说："接受好的建议只会增加一个人自身的能力，两个头脑总比一个

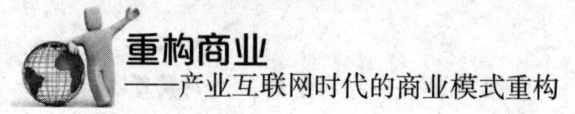

好，只要他们是在相同的方向上进行思考，就好像套着两匹马来拉一辆车，两匹马的拉力比每一匹马单独的力量都大。但你知道两匹马共同拉动的总重量要比他们单独拉的重量加起来还要大。就是通过协作，它会产生合理的增效作用，只要人们共同思考这种能量，就会产生作用。"

3. 思维共享比单独思考速度更快

当今世界的最大特点是什么？就是节奏非常快。要想赶上时代的步伐，孤军奋战肯定不行。另外，如果想快速掌握一项新技能，会如何做？全凭自己的能力解决，还是请别人教你？不管想学习使用一个新软件，还是练习高尔夫球的挥杆动作，甚至学做一道新菜，跟那些有经验的人学习，定然会学得更快。

4. 思维共享比单独思考回报更多

思维共享要强于单独思考，回报自然也会更高一些，就是思维共享复合作用的结果。关系，是达到理想世界愿景的关键。企业遇到所有的问题，无论是国家的，还是世界的，从本质上看，都是彼此之间的关系或相互依赖的问题。

5. 思维共享比单独思考更利于创新

伟大的思想家和发明家都是单枪匹马干出来的，但仔细想想，最具新意的思想也不是在真空中产生的。创新来自协作，把自己的想法和别人的想法结合起来，就会产生前所未有的新思想，思维共享就能产生更大的创新。

6. 思维共享是收获思想的唯一方法

在这个世界上，每个伟大的想法都是从三四个出色的想法开始酝酿的；多数出色的想法，都来自思维共享。

利益关联：投资你无法超越的对手

如果竞争对手掉进河里就要淹死，你会怎么办？麦当劳创始人克拉克给出的答案是：拿起水龙头，塞进他的嘴里……这是曾经乃至当下一些企业面临竞争时使用的霸气行为。可是，奥地利动物学家康·洛伦兹却认为，动物总会采用威胁和虚张声势的策略，获胜者会尊重降服的表示，只要对方服输，就善罢甘休，绝少一定要置对手于死地。生物的进化需要在"王道"和"霸道"间保持一种平衡。

著名生物小说家威尔逊也告诫人们：侵犯行为对人毫无幸福可言。但是，在商业社会，同行是冤家，除了与竞争对手"死磕"，还有其他选择吗？林肯告诉我们，消灭敌人最好的办法就是把竞争对手变成自己的朋友，就是让彼此成为利益相关的朋友。

如今，市场要求企业不断加快创新速度，全球化的压力越来越大，竞争对手也能在不损害各自竞争优势的前提下，结成战略联盟，共同分担产品开发的成本与风险，获取规模经济效益，共享资源与人才。

那么，如何将竞争对手变成合作伙伴呢？答案很简单：共同利益。

举个例子：

当初，通用汽车和戴姆勒-克莱斯勒分别觊觎着电气混合动力型汽车这一快速增长的新市场,但这两个汽车巨头又同时面临着与丰田和本田的一场硬仗。丰田和本田都在早期进入了该市场并处于领先地位,它们必须找到一种方法来加快产品开发的速度,以便在最短的时间内向市场推出具有竞争力的混合动力技术。最后,它们采取了合作的方式。

每一对企业都是在市场上短兵相接的直接对手,同时又是合作伙伴,一起开发新产品,分享新理念和新技术,合作开拓市场,更容易取得理想的成绩。

与竞争对手合作,不仅能分担成本,还能让自己变得更强。市场不景气时,很多制造商都会陷入困境。但是通过合作,即使是市场低迷,依然能提高产能,分担成本和风险。

财富关联：伤心的"锅"做不出好菜

当今时代，企业和员工之间的关系发生了改变，已经不再是简单的雇佣和被雇佣的关系，而是一种合作共赢的关系。企业为员工提供发展平台，员工施展自我才能，努力让企业发展得越来越好。企业得到了利润，员工得到了回报和成长，企业与员工形成了利益共同体。

企业管理者要改变传统的做法，跟员工站在同一条战线上，关注员工的需求与情感，增强员工对工作的热情和认同感，让员工和企业共享利益。在这方面，华为公司堪称典范。

华为是一家私营的非上市企业，所有员工都持有公司股份，而创始人任正非持股只有1.42%。全员持股激发了员工的积极性，员工尽心尽力、自觉自愿。在这里，员工不再为老板打工，自己就是老板，是在"为自己打工"。

命运共同体是人类的一种意识、一种理念、一种追求，命运共同体的形成是人类发展观念逐步完善的结果。合作共生、利益共享总比自私自利、单打独斗好。

对企业来说，员工是财富的创造者，确立良好的合作关系才是最佳策略。将企业利益和员工利益捆绑在一起，不仅可以有效提升管理效率、增强公司竞争力，还能让员工与公司享受共同的利润，与公司风雨同舟，企业才能无往不利，获得更广阔的发展前景。反之，只能分崩离析。

2016年9月，国内某大型分类信息网站实行"996"工作制，员工早9点上班，晚9点下班，周六正常上班。通知下发后，引起了员工的强烈不满，有些员工甚至还在创始人的微博下面留言抗议。

其实，在一流企业里加班是很正常的现象，但员工为何反应如此强烈呢？

员工离职，主要原因有两个：一个是钱没给到位，一个是感到委屈。上述案例中，员工对加班的强烈反应就是与这种心理有关。即使工作强度大、加班多，只要员工的付出与收入成正比，让员工的辛苦有回报，员工也不会做出如此过激的行为。在内部推行"工者有其股"的激励机制，将应得的利润分享给员工，员工就会与企业同甘共苦，企业和员工之间形成命运共同体，员工自然也会提高工作的主动性。

在企业里，把员工当作"共赢者"一样来对待，公司就能有效增强凝聚力和竞争力。把员工当作企业的利润分享者，也就有了人文精神的基础，才能彼此尊重、共同成长、分享成功，才能达到激励员工的最终目的。

第七章
无限关联——万物互联，万物赋能

共识关联：绕过金钱的封锁线

每个人都是一个独立的个体，都有自我意识；每个员工都希望得到领导的重用，希望上级能听取自己的意见。如果企业领导者忽略这一点，必定会使聪明的员工感到失望，觉得自己满腹经纶却无所作为。

对于意义重大的任务，多数员工都渴望参与，因为这是一次展现自己能力的机会。能力平平、不计功名的员工可能会觉得无所谓，但如果员工有能力、好胜心强，却参加不了，就会感到失望，有时出于报复，还会加以破坏。

有人说："一个新计划，参与者越多，支持者就越多，参与者的自豪感便越高。"所以，企业做决策时，最好让员工参与，给予他们自豪感和荣誉感。著名的英特尔公司使用的就是"参与式决策"。

在英特尔，员工有充分的权力去参与公司决策。上层领导者经常会与员工公开交换意见，提出讨论并采纳各种观点，最后得出最好的解决方案。

1984年，英特尔忙于研究386的设计，原计划在设计中加入快取记忆体，但工程部门在处理时遇到一些问题，而公司却认为，快取记忆体是提升处理器性能的重要因素，因此坚持要求找出解决方案。

几位员工不同意决策层的见解，跑去找总裁。他们指出，当时摩托罗拉已经抢先推出了新产品，公司应该立刻让386上市，以免丧失商机。坚持加入快取记忆体,会延误产品上市的时间,386晶片的体积也会更大。最主要的是,过去没有将快取记忆体放入微处理器,公司得花更多的时间去说服客户,就给竞争对手提供了充裕的时间占领市场。

总裁听了他们的意见,立刻通知决策层开会讨论,最后决策层采纳了员工的建议。事实证明,这确实是个明智的决定。386提前上市,在微处理器的竞争中,公司将摩托罗拉甩在了后面。

案例中,正是由于具有不同意见的员工主动参与公司决策,细致切实地向决策层分析解释他们的理由,公司才做出最正确的决定。相反,如果当时他们闭口不谈,英特尔与摩托罗拉较量的历史可能就要改写。

美国阿肯萨斯大学教授莫丽·瑞珀特,曾做过一个实验:

她将公司员工分成两组:参与组和限制组。参与组的特点是:战略远景清晰,员工参与战略决策的制定,员工认同战略决策;而限制组的特点是:战略远景不明确,员工参与度低,战略决策缺乏认同。

经过一段时间的观察,结果显示:员工参与度跟企业的良好运营密切相关。

只有员工参与了公司的决策和管理,才能对企业产生最大的认同感和满意度,才能最大限度地激发员工的工作热情,企业才能真正实现利润的最大化目标。

让员工参与决策工作,会使更多的人参与其中,从而减少办事的阻力。同时,参与者都有一种主人翁意识,就会为事情的进展尽一份力量,没有什么能比做主人的积极性更高!

价值关联：卖什么都不如卖情怀

所谓情怀消费指的是，大家因相同的志趣和爱好而聚集在一起，结成稳定的社群，为自己认可的"情怀"掏腰包，为某一品牌带来惊人的购买力。这里，最典型的便是"果粉"。通过情感认同，再延伸消费到苹果的电脑、iPod、iPad等产品，体现了对苹果品牌的执着追求。如此，只要苹果推出新品，"果粉"就会一马当先，不惜连夜排队。

粉丝经济的关键，就是情怀消费。

李老板是个很有情调的小女人，给店面的每个展区都起了一个很有诗意的名字，比如，爱情海之风、北海道之雪……只要是经典墙纸窗帘，她都会创造一个浪漫的场景，描绘给客户。

有一次，李老板给客户做了一套方案，用的是中式风格的布料。客户是个知识分子，言语中有意无意都会带出孔孟之语。布料的图案是清明上河图，套餐系列叫"梦回长安"，每个细节都用了中式元素，客户非常喜欢。

谈到价格，最有争议的是窗帘上面的罗马杆。普通店的罗马杆是60元一米，他们是220元，客户觉得太贵。李老板对着窗帘杆讲出了贵的理由："您看，杆上面的图案是经典的万字格，中国最传统的纹样，寓意绵长不断。两端的头子如同龙头，是至尊的标志。将这种杆子放在家里，意义肯定不一般。"

同时，李老板还引经据典，说得客户心服口服。

这是李老板第一次学会卖情怀，后来发现这招真是屡试不爽。

在移动互联网覆盖生活的当下，终端消费者对消费的需求已经远远不止于商品本身的功能性。电商的蓬勃发展极大地丰富了人们的选择，新媒体的流量为信息传播打造无数种新玩法，因此做营销，情感上的认同、满足才是真正打动用户的关键。

如今，无论是产品升级，还是品牌转型，多数企业都少不了"情感营销"这一步操作。怎样加入战场，才能姿势正确、走位精准？

1. 情感定位

社交媒体的蓬勃发展让当下人的生活离不开"晒"这个动作，比如，晒旅游、晒美食、晒电影……这种"晒"不单纯是社交圈子中的分享，也是自我形象、自我认同的展现。所以，只要抓住情怀，很多时候也就抓住了大家希望展现的态度，或许是诗和远方，或许是平民自嘲，或许是励志鸡汤。

抓住当下大家普遍的焦虑，焦虑生存、焦虑未来、焦虑社交、焦虑亲密关系……只要挖掘出痛点，就能抓住情感营销的契机。记住：做营销，一定要找准情感定位，找准自己的品牌与用户某种情结的结合点，然后精准发力。

2. 情感包装

找准情感定位后，如何进行相应的包装？体验升级的风口，消费讲求互动与参与，只要有个拟人化、接地气的包装，就能与用户打成一片，而这也是情感包装的发力重点，就更容易在新媒体平台上铺天盖地的信息中脱颖而出，成功引起用户的注意。

3. 情感推广

当今各类型各规模的新媒体平台数不胜数，信息爆炸。做营销，无论背

第七章
无限关联——万物互联，万物赋能

后功夫有多深，推广不到位，即使投入巨大的人力和物力，也是在做无用功。情感营销也是同理。可以借助市场调研与当前渐受欢迎的大数据工具，建立用户画像，根据目标消费群体的阅读习惯、平台分布，有针对性地选择渠道和选择形式；也可以在社交媒体上有技巧地制造话题、带节奏，用低成本取得"四两拨千斤"的裂变传播效果。

第八章

生态系统
——生态繁荣,才能基业常青

不做带枪的打工仔

这里有个感人的小故事：

2009年9月8日，为了支援和保护一组政府官员，一支美国人和阿富汗人组成的部队试图穿越阿富汗的某个地区。可是，队伍在途中不幸中了埋伏，被重重包围。

在一片混乱中，Swenson队长冲入熊熊火焰，抢救伤员，并将死者尸体拖回。有位被救者是中士，头盔上正好装有摄像头，捕捉了整个事件的过程。

Swenson和队友将这个士兵带回。他们先把伤员放入直升机，接着Swenson队长俯下身，给了他一个吻，然后转身去救其他人。

看到这里，可能很多人都会被感动。这是一种发自内心的爱，才让人们在那样的时刻做出了如此举动。

在部队里，奖章通常会颁给那些愿意牺牲自己、成全他人的人；而在商场上，却会把荣誉送给牺牲别人、成全自己的人。如果企业给不了员工安全感，员工就会"骑马找马"，工作自然也就做不好。

公司的运营会遇到很多问题，即使没有钱，只要将人心团结在一起，这些都不重要。没有钱，团队可以想办法解决钱的问题，但要给员工安全感，不能忽悠人。对公司来说，不管是员工，还是高管，只要对员工使用帝王之术，公司距离死亡也就不远了。

公司的安全感不是体现在对员工的小恩小惠上，员工更在乎公司是否有前景、公司现在的发展如何、是否盈利、公司未来的规划怎样等；更不能靠企业领导的一张嘴来表达出来，要实实在在地让员工用心去感受公司的安全感……

公司每时每刻都会遇到问题，比如，如何吸引更优秀的人才、公司如何更好地盈利、如何让投资人继续投资等，最大的问题是如何吸引优秀人才加盟公司并让他们全力以赴，这些才是核心。对于公司来说，如何才能让员工死心塌地地一起去打拼？答案就是，给员工安全感。

1. 真诚地对待每个人

企业领导要发自内心地把跟着自己的小伙伴当作亲人，即使小伙伴的业绩不好。对于公司，只要人们全力以赴地干、人品不差，就一定会产生业绩的。此外，不要以"员工这不好那不好"来惩罚员工，人心都是肉长的，你对员工不真诚，员工也不会对你真诚。

2. 领导比员工更努力

对于公司来说，不能整天要求员工拼命工作，要为员工树立表率，让员工真正知道和看到领导者的诚意。所以，企业领导一定要多付出，要比员工更拼命，做好废寝忘食的准备，更不是来得比员工晚、走得比员工早。团队领导不付出，全靠成员付出，公司注定要死亡。

3. 团队成员同甘共苦

为了公司的良性运营，领导者一定要跟员工同甘共苦。不能只顾着自己大鱼大肉，却让员工喝西北风；更不要故意把自己的工资定得很低，每个月报销的费用却比员工的工资还高。经营企业犹如打仗，员工更愿意跟着同甘共苦的领导去全力以赴地工作。

4. 不忽悠，多落实

对于企业领导来说，说到做到至关重要。所谓说到做到就是，企业领导要说到做到，不能领导自己说到做不到，却让员工说到做到，而要带头说到做到。比如，几点开会就是几点，迟到了，不能找各种理由。

5. 打铁还需自身硬

对于公司来说，领导者能力和格局的大小，决定着公司的走向和发展。企业领导是公司的天花板，要想突破这个天花板，就要提高能力，开阔眼界，同时让员工能力提升。

6. 对员工奖罚分明

对员工必须奖罚分明，不能伤了员工的心。做不到这一点，没有这个姿态，就会失去民心，员工也会纷纷离去。

总之，对公司来说，给员工安全感胜过一切；对员工来说，没有安全感，就会找一个有安全感的公司工作。企业领导一定要明白这一点，否则下一个死亡的就是你的企业！

第八章
生态系统——生态繁荣，才能基业常青

雨林战略与竹林战略

一说到雨林或竹林，很多人都会在脑海中呈现出危机四伏的景象，虫蝇遍地，蛇鼠横行，危机四伏。要想走出去，就要提高危机意识，随时准备出击。其实，企业的运营同样也离不开危机意识。

有个汽车公司的总裁遇到了这样的问题：公司游手好闲的员工太多，严重拖后腿。将他们全部开除，一方面会受到工会方面的压力，另一方面企业也会蒙受损失。

一次偶然的机会，总裁认识了一位管理大师。管理大师给他讲述了"鲇鱼效应"的故事，总裁听完后，豁然开朗，于是开始进行人事方面的改革。经过周密的计划和努力，挖来一位人才。

接任公司销售部经理后，这个人凭着丰富的市场营销经验和过人学识，以及惊人的毅力和工作热情，调动了员工的工作热情，团队活力大大增强。销售出现转机，月销售额直线上升，公司的市场知名度不断提高。

之后，公司每年都会从外部聘用一些精干利索、思维敏捷的"大鲇鱼"，其他员工有了触电式的感觉，组织保持了恒久的活力。

管理学中的"鲇鱼效应"告诉我们，只有提高危机意识，才能想到解决问题的办法，才能存活下来。

现代心理学研究证明，在危险时刻人们的表现至少有两点超乎寻常：一是会不遗余力地奋勇求生，可以发挥难以想象的潜能和勇气；二是会自动放弃平时的偏见与隔阂，团结一致、协同动作，爆发出超常的力量，取得巨大成就。

在企业管理中，有效地利用危机，不仅可以让公司得到发展的机会，还可能使之转化为公司的优势。同样，员工时刻保持危机感才能得到成长。但是，并不是每个员工都有危机意识，企业要努力培养员工的危机感。

1. 让员工学会学习，善于学习

工作 10~15 年，员工就会产生一种"上下卡住"的闭塞感与无力感。即使员工拥有一定的资历与经验，工作也得心应手，但上边有比自己更资深的前辈，身边有随时想超越你的同辈，下面又有一群新生代员工虎视眈眈。因此，不管是基层员工，还是主管，都要让他们保持学习的状态，为自己的竞争力加分。

2. 将管理者培养成"用人达人"

对于公司管理者，他的价值不再来自个人，而是来自团队中的每一个成员。要让管理者知道部门员工的特质，让他们激发员工的潜能，帮员工避免犯同样的错。因此，要让管理者成为知人善任的"用人达人"，带动整个部门的整体成绩，成为企业的重要竞争力。

3. 让员工做得多一点

只知道"做好分内工作"的员工，早晚会被淘汰。在竞争激烈的时代，必须让员工超越上司对自己的期待，让上司对自己产生惊喜。不能只等着上司传授经验、带领你成长，要让员工靠自己。

第八章
生态系统——生态繁荣，才能基业常青

跨界互反与太极之道

所谓的商业模式就是玩跨界，实现多种经营。

随着市场竞争的日益加剧，行业与行业相互渗透、相互融会，已经很难对一个企业或一个品牌清楚地界定它的"属性"，跨界也已经成为国际最潮流的字眼，从传统到现代，从东方到西方，跨界的风潮愈演愈烈，代表了新锐的生活态度和审美方式的融合。

每一个优秀的品牌，都能比较准确地体现目标消费者的某种特征，但因为特征单一，往往受外界因素的影响也比较多，尤其是注意出现了类似的竞争品牌，这种外部因素的干扰就会更加明显。一旦找到了互补性品牌，在多个方面对目标群体特征进行诠释，就能形成整体的品牌印象，产生更具张力的品牌联想。即使是互补性品牌之间，也会产生品牌联想。

有个老板是南方人，做印刷，就在大家都知道印刷的行情已经不行了的时候，他却学习了一套商业模式，学会了一种新思路。他如何操作的？首先，用印刷的底子做老鼠夹子，将两块板子做成夹子，两边分别抹上胶水，向中间一夹，就像书一样，分开后就会变成一个张开的老鼠夹子。

老鼠喜欢沿着墙角原路来回转，在墙角放个夹子很容易夹住。同时，老鼠比较有团队精神，粘住其中的一只，它只要一叫，其他老鼠也会跟着来，结

果一粘就是一窝，而且，只要粘上，它就跑不掉，所以，将老鼠夹子放到墙角。夹子对老鼠来说，简直就是灭绝性的。

印刷厂的利润一般不会超过10%，可能连5%都不到，他的净利润却不低于20%。其实一开始他也没想到，印刷行业和老鼠夹结合起来能赚钱。因为这看起来似乎是完全不相干的东西，这就叫商业模式。

在迅速发展的商业圈，只有采用适合自己、比较创新的新型模式，才不会立刻被市场淘汰并输得很惨。时代需要多面手，多功能化也很吃香。功能组合，打破了原有的行业特征，将纸板行业、印刷行业、灭鼠行业整合在一起，来个混搭，效果就会完全不同。

所谓混搭就是多元化组合到一起，合理搭配，而这也是跨界的要义。对于企业来说，实施跨界营销，在对跨界营销正确的认识前提下，需要遵循以下原则。

1. 品牌效应叠加

所谓品牌效应叠加就是两个品牌在优劣势上进行补充，将各自已经确立的市场人气和品牌内蕴互相转移到对方品牌身上，或将传播效应互相累加，丰富品牌的内涵，提升品牌的整体影响力。每个品牌都诠释着一种文化或一种方式、一种理念，是目标消费群体个性体现的一个组成部分，但是这种特征单一，由于竞争品牌和外界因素的干扰，品牌对于文化或理念的诠释效果就会减弱，而通过跨界营销就能避免这样的问题。

2. 以用户为中心

从4C到4P，现代营销的工作中心出现了一个巨大转变，企业的所有营销行为都从过去以"企业和企业产品为中心"向"以消费者为中心"转变，从过去关注自身向关注消费者转移。解决销售只是一种方法，而关注消费者需求，提供消费所需，才是企业的真正目的。企业更强调消费者的体验和感受，对于跨界营销来说，只有将所有的工作基于这一点，才能发挥出最大的作用。

3. 品牌理念一致

品牌是一种文化载体，代表了特定的消费群体，体现了消费群体的文化等诸多特征。品牌理念的一致性就是指，双方的品牌在内涵上有着一致或相似的诉求点，或代表有相同的消费群体、相同的特征，只有品牌理念保持一致性，才能在跨界营销的实施过程中产生由 A 品牌联想到 B 品牌的作用，实现两个品牌的相关联或者在两个品牌之间，在特定的时候画上等号。

4. 品牌非竞争性

跨界营销的目的在于，通过合作，丰富各自产品或品牌的内涵，提升双方产品的销售，达到双赢的结果。也就是说，参与跨界营销的企业或品牌，应该互惠互利、互相借势增长，是一种共生关系，而不是此消彼长的竞争关系。因此，进行合作的企业在品牌上必须不具备竞争性。

5. 资源互相匹配

所谓资源互相匹配是指，两个不同品牌的企业进行跨界营销时，在品牌、实力、营销思路和能力、企业战略、消费群体、市场地位等方面应该有共性和对等性，才能提高协同效应。就像李光斗先生所说："跨界营销要像婚姻一样门当户对，只有寻求强强联合，才能使跨界营销 1+1 > 2，获得双赢。"

6. 功能互补

非产品功能互补原则指的是，进行跨界合作的企业，在产品属性上要具备相对独立性。合作不是对各自产品在功能上进行的相互补充，而是产品本身的独立存在，各取所需，是基于一种共性和共同的特质。比如，基于产品本身以外的互补，如渠道、品牌内涵、产品人气或消费群体。

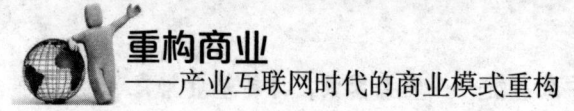

7.消费群体保持一致

每个品牌都有一定的消费群体,每个品牌都在准确地定位目标消费群体的特征,作为跨界营销的实施品牌或合作企业,由于所处行业的不同、品牌的不同、产品的不同,要想实施跨界营销,双方企业或品牌就要具备一致或重复的消费群体。

整合资源，协调脑袋

一、整合资源

企业资源整合是一个为长远利益而实现的战略决策，随着市场的变化情况与发展，企业的各种资源必须随之整合与优化。企业的任何资源都是有限的，要想实现长远利益，就必须利用外部资源为本企业提供发展的机会。

任何行业都存在竞争的行为，聪明的竞争者都会借助某一外在东西，比如，借才、借力、借机、借势等来成就自己，在众多竞争对手中脱颖而出。借是一种智慧，善于借用外力，并不是要一味地依赖外力。

巧借，是短的延伸，是弱的强化，是双翼下的疾风，是双足下的大地。真正高明的借，往往善于捕捉稍纵即逝的时机，在风起云涌、错综复杂的局势中，能够快速抓住瞬间机会，调动起所有能够调动的力量，取得理想的效果。

资源整合分为三种形式：纵向整合、横向整合和平台式整合。

1. 纵向资源整合

纵向整合是处于一条价值链上的两个或多个厂商联合在一起结成利益共同体，能够整合产业价值链资源，创造更大的价值。举个例子：

按照传统的经营方式，花店的经营模式都是：从花农处采购鲜花，然后再卖给顾客。某花店放弃传统的经营方式，与花农和快递公司结成战略联盟。花店成为鲜花订购中心，顾客到这里订购鲜花，花店就会记录下顾客订购的花的种类和数量，以及希望送达的地址和希望送达的时间。同时，把顾客需要的花的种类和数量信息发给花农，通知花农准备鲜花。然后，把顾客订购的花的种类和数量，以及顾客希望送达的地址和希望送达的时间等信息发给快递公司，由它从花农处取得鲜花，再送给顾客。

花店与快递公司的合作，整合了快递公司的运输资源，把传统情况下的两方合作变成三方联盟，大大扩展了生意量，各参与方都获得了更多的收入。

2. 横向资源整合

横向整合就是将目光集中在价值链的某一个环节上，探讨利用哪些资源、怎样组合资源，才能有效地组成这个环节，提高该环节的效用和价值。不同于纵向资源整合的是，纵向资源整合是把不同的资源当作位于价值链上的不同环节，需要各企业找准自己的位置，做最有优势的事情，协调各环节的不同工作，共同创造价值链的最大化价值。横向整合的资源往往不是处于产业链内，而是处于本产业链外。

3. 平台式资源整合

平台式整合考虑的是，企业作为一个平台，将供应方、需求方和第三方资源整合到一起，同时增加双方的收益或降低双方的交易成本，自身也因此获利。比如，阿里巴巴整合了供应商和需求方的信息，打造了一个信息平台。供应商和需求商可以通过它交换信息，互通有无，达到最佳的交易效果，而阿里巴巴则通过收取服务费而盈利。

二、企业智慧协调

历史上,著名的"赤壁之战"大致情形是:

曹操有83万大军,水陆并进,孙权压力非常大,东吴处于生死存亡的关头。而这次决策也事关东吴政权的生死存亡。如果战,对抗就是以寡敌众;如果投降,确实不甘心。刘备派诸葛亮去与孙权一起联合对抗曹操,孙权的做法是:让部下畅所欲言,无论是主张投降还是主张对抗,都可以公开发表自己的意见和理由。

孙权部下文官主降,武将主战。武将是天生的血性,打是他们至高无上的决策;文官是理性分析,觉得投降后不仅继续可以做官,老百姓也不会受到战争的涂炭。

孙权并没有说主战不理智,或投降该死,而是先听后决断。

孙权的做法确实是最正确的,集思广益,正确决策。互联网时代,企业如何科学决策?

在经营管理过程中,老板是企业领袖,拥有至高无上的权威,重大的决断一般都由他来拍板。但是,在决策的科学性上是不是每次都权威?老板的企业领袖地位确实是至高无上的,但对事情的决策不一定每次都正确。在纷繁复杂的经营管理过程中,企业面临的竞争环境随时都在变化,需要集思广益。因此,现代企业在决策时,应在集思广益基础上拍板。

集思广益,不仅可以提高决策的正确性,还能增加员工的参与感和被认同度。不养成集思广益的习惯,所有的事情都由老板去拍板,慢慢地就会养成拍脑袋做决策的习惯。例如,很多企业过去都曾经辉煌过,最后消亡多半都是因为养成了拍脑袋做决策的习惯。

圈层与社群：社会关系再凝聚

企业该如何打造自己的社群？

一、社群的意义

随着流量获取越来越困难，公众号打开率持续走低，微信群作为获取新用户并与用户直接沟通的渠道，越发受到重视。从刚开始的拉个种子用户群，到覆盖产品全用户，社群运营也上升到了企业的战略层面。我们可以看到，不同的时代，商业逻辑的链条有不同的演化路径：

（1）一次性买卖，当你付完钱获得产品，服务就会终止。

（2）PC流量玩法，先圈用户，然后广告、电商、会员变现，只要用户在，就可以持续获利。

二、哪种企业适合做社群

在企业发展初期，各方资源都比较薄弱，社群作为低成本的获客方式，可最快地获取到第一批种子用户，这些种子用户又可以促进产品迭代和口碑效应。比如，保险之类的产品，资金门槛高，用户需要不断地了解，才能形成购买决策，需要在社群内沟通，让用户理解，消除疑虑。

三、企业如何打造自己的社群？

要想打造企业社群，可以从以下几方面努力：

1. 社群拉新

活动裂变是目前最有效的社群拉新方式，不仅能迅速聚集用户，还能刷爆朋友圈。其核心是用优惠产品或给予利益，诱发用户的占便宜心理，常用手法有进群领优惠/免费、拼单优惠、现价远低于原价、限时特惠、阶梯涨价、邀请/分销奖励等。

微信有熟人社交的性质，用户对于营销号通常都会产生抵触情绪，多数人都不愿意看到自己的朋友圈有太多的微商广告，但对公司或行业信息却没有太多的抵触情绪。个人号是拉新和展示的重要途径，要把形象树立成在公司工作的员工，对产品熟悉，对行业有见解，而不是客服或不知道背后是谁天天发广告的角色。

朋友圈是一个不错的展示途径，微信好友上限为5040人，每条朋友圈就是对5040精准人群的信息展示，只不过发出的内容要像分享而不是广告。在平时的朋友圈建设中，除了公司的信息外，还要展示个人生活状态，以及对行业的理解和看法。

2. 社群促活

很多微信群拉起来，活跃了几天后，要么沉积成了死群，要么广告丛生或变成了闲聊群，把用户拉进来只是第一步，后面的持续运营才是保持社群活力的关键。

群内用户可以在第一时间获取关于企业和产品的信息，可是微信对于群管理并不友好，官方发布的信息很容易淹没在群信息中，为了跟其他信息加以区别，官方信息需要加入点仪式感，如以图片、固定板块、固定时间等形式发布，以此来在用户心中树立独特的印象。

为了调动用户的积极性，在微信群中可以采用多种形式，比如，打招呼的红包、定期开展带有小奖品的活动。如果企业在朋友圈中创造了公司与消费者的近距离接触空间，群成员自然也就愿意听到他们对产品和行业的看法，同时更会邀请大佬在群内发言，掀起互动的高潮。

3. 社群转化

微信是一种社交工具，聊天的环境并不利于产品的转化，需要设计场景化转化形式，把用户从聊天的场景中转变到自己设计的场景中，转化的场景可以是节日、热点等。

多次跳转通常会流失掉部分用户，当社群人数达到一定规模时，有必要建立基于微信的产品形式。

社群不是微信群出现后的产物，从 BBS 到各类的兴趣 APP，社群的演化让产品离用户越来越近，沟通越来越方便；同时，基于用户的需求会演化出新的产品形态。互联网产品用户为王，不管社群以何种形式出现，秉承为用户服务的心态，才能做好社群运营。

打造基于商业模式的开放平台

如今，稍具规模的电商企业都开始建设自己的平台，当然也有很多企业生来就是一个类似淘宝的平台。以平台为基础的公司是游戏规则的制定者，一般都处于产业价值链的最高端。

河姆渡是一家智能建筑的B2B电商平台，主要为弱电、IT、信息化设施等系统集成商和工程商提供"产品采购+综合服务"的一站式解决方案。目前，拥有20万注册认证集成商与工程商，200万行业管理人员数据库，200多家设计咨询机构的战略合作，1000多家集成商的战略合作，5000多家服务合伙人，800多家城市与经营合伙人。

河姆渡与商品供应端的合作模式包括营销顾问服务、自营与联营，以及区域供应商战略联盟。自2015年11月上线以来，得到业内广泛关注。

在互联网快速发展的20多年时间里，BAT（百度、阿里巴巴、腾讯）三巨头分别以人们对信息、商务和社交的需求为基础，获取了数以亿计的用户，打造了以平台为核心的生态系统，已经发展成为一个言必称"平台"的时代。

平台型商业模式是互联网时代最重要的一种经营形态，其以行业视角和产业思维构建了一个开放的平台，链接"需和求"双方，形成了巨大的交易数据，产生了巨大的信息数据，表现形式就是B2C、B2B、C2F、C2C等。

目前，60%以上的世界知名企业使用的是平台型商业模式，70%估值超过10亿美元的独角兽企业使用的也是平台型商业模式。比如，美团每天会链接数千万的餐馆，为消费者提供订餐服务；滴滴每天要链接上千万出租车，为乘客提供打车服务。同样，天猫、携程、今日头条等，使用的也是平台型商业模式。

平台型商业模式可以让企业产生巨大的数据价值，产生爆炸式裂变效应，产生超过传统工业时代企业所不能产生的经济效益和价值。

一、传统企业创造平台型商业模式

平台型商业模式的出现适应了互联网技术的发展需求，把不可能链接的双方链接在一起。此外，各行各业的产能过剩也需要一个强大的平台来促进商品或服务的整合和流通。那么，传统企业如何创造平台型商业模式呢？

1. 创新企业的经营逻辑

任何企业都不可能简单地把产品或服务搬到线上就形成平台，要对企业经营的各项要素进行重新组合，创新商业模式。

2. 合理应用互联网技术

任何一家创新型的企业，都要深度嫁接互联网技术，才能促进企业发生质的变化，谷歌、阿里巴巴、亚马逊等企业的发展与技术使用和商业模式创新有着密切的联系。

3. 资源整合能力

为了让各类资源为自己所用，企业必须具有强大的整合优势。互联网时代的企业边界是开放的，不会单凭一家企业来完成所有的经营要素的生产，需要企业把控核心环节，将其他要素开放给外界。

二、互联网时代,传统企业可用的平台

从目前的产业结构来看,通常可以使用的平台主要有以下几种:

(1)打造整个商业基础设施的组织,比如,能源服务、数据服务、通信服务等。

(2)打造产业级资源配置平台的组织,为用户提供完善的服务。比如,从用户需求出发,推出"B2B+大数据+供应链金融"模式,为用户提供精准的信息匹配、大数据金融服务,帮企业降低采购成本,提高生产效率,最大限度地合理利用资源。

(3)打造创意与创客驱动的内容型平台组织。一旦越来越多的领域升级为知识经济,人才就成了知识型组织最重要的财富,尤其是当各产业的基础设施建设完毕后,拥有创意能力的人才将是组织的关键能力。

第九章

重构商业
——商业模式迭代的驱动力

渠道路径驱动模式

为了满足顾客细分的群体，不管是哪种产品和服务，都有自己的价值主张。这时，通过哪种途径或渠道来传播企业的价值主张，就显得异常重要了。

渠道，可以分为直接渠道和间接渠道。具体分析如下：

一、直接渠道和间接渠道

如何在直接渠道构建企业的商业生态系统呢？

（1）使用推销或营销的方式，企业的业务人员或销售人员直接向顾客销售产品或服务。

（2）通过互联网建立自己的网络平台，直接向消费者施加影响，销售企业的产品或服务。

（3）自己的店面、商铺或连锁店。例如，链家地产是一个房地产服务平台，所有的连锁机构都是自己直营，自己建店面，自己收集房源和客户信息，自己销售或出租房产……直接为消费者服务，也是直接渠道。

所谓间接渠道就是，企业跟代理商、经销商或批发商展开合作，通过他们把企业的商品服务送到消费者面前。此外，与企业合作的店面或商铺等第三方合作方，也属于间接渠道。举个例子，加盟。很多连锁机构都是靠加盟合作的，利用联合联盟的方式进行销售，就是间接渠道。

二、如何选择渠道

选择直接渠道，还是间接渠道？对每个企业来说，都需要在中间做权衡。当然，也可以对渠道进行多种组合，比如，将直接和间接相互融在一起，特别是做连锁店的企业，部分直营，部分加盟，加在一起，号称大连锁。

如果想通过渠道通路，把企业的价值主张传递给消费者，就要让消费者感受到企业的价值主张，提高顾客忠诚度，产生持续的购买行为。在渠道领域，需要通过四个环节来打通企业对消费者的影响渠道。

1. 构建知名度

知名度是企业构建品牌的基础，有了渠道，就要在渠道里构建产品服务的知名度。有了知名度，消费者才愿意去搜索，才愿意了解企业的商品或服务。所以，知名度是企业渠道循环的一个重要基点。

2. 宣传价值主张

如何让消费者对其他更多的消费者产生影响？答案就是，通过企业的渠道来评价企业的价值主张。互联网的宣传，一方面在于知名度，另一方面在于点评、认同感等，这些都是本身需要企业做的事情。

3. 消费者的购买

在购买过程的渠道里，必须是愉快的、友好的，同时还要营造良好的氛围和环境。一旦消费者做出了购买行为，就等于将自己的价值主张传递给了消费者，企业还需要向消费者传递企业的产品理念和品牌核心内容。

4. 传递价值主张

通过渠道通路，能够实现价值主张的深一步传递。经过这样的传递后，再把售后服务结合起来,与顾客进行很好的互动,建立起一种良性的社群关系,提高消费者的满意度。经过如此循环,整个渠道通路才能通畅。渠道的目的是把企业的价值主张宣传给消费者,让他们产生良好的情感的体验,让他们对企业的商品或服务产生很好的忠诚度。当然,为了让品牌慢慢建立起来,还要进行评估。

今天,渠道是多元的,有传统的渠道,有创新的渠道,有直接的渠道,也有间接的渠道。企业需要考虑的是:哪个渠道最有效?哪个渠道最节约成本?哪几个渠道的结合最能发挥效益?

价值主张驱动模式

企业与企业之间、企业部门之间、企业与顾客之间、企业与渠道之间都存在多种多样的交易关系和联结方式,这些就是商业模式。

商业模式的价值主张就是,公司通过自己的产品和服务,能向消费者提供的价值。价值主张确认了公司对消费者的实用意义,是顾客选择你而不选择其他企业产品服务的一个重要原因。

那么,都有哪些价值主张呢?可以把它分成11个类别:

1. 品牌地位

在大品牌时代,人们为什么会买奔驰、买宝马,而不买大众桑塔纳?因为开奔驰更有面子和地位,它的品牌更大。品牌,代表了一个人的身份,更能满足某些人的虚荣心。所以,品牌地位也是价值主张的一个重要基点。如何来构建自己的品牌体系,如何满足顾客对身份和品牌的追求?企业完全可以将自己的产品、服务,通过文化和搭配新元素来提升品牌价值。

2. 设计

完美精良的设计可以成为价值主张的核心要素,比如,手机的外观、汽车的外观,因为有人注重产品的外观设计。设计精良、设计优美或设计时尚,都会成为价值主张的一个重点。有人买车就是为了外观好看,有人则是为了它的功能好,也有人是为了舒适方便。所以,如果有人看中商品的外观设计,他们的价值主张就是设计。

3. 成本

帮助顾客节约成本、降低成本,也是重要的一个价值主张。企业完全可以通过某种服务,帮顾客降低他们购买的时间成本、金钱成本,尤其是在互联网时代下尤为重要。去掉中间环节,降低顾客购买商品服务的成本,也是价值主张的核心要素。

4. 便利实用性

手机软件提供音乐下载,人们就觉得非常方便。如果想听歌曲,不用再像以前一样到商店购买光盘,也不用在电脑上费劲下载,直接在手机上下载即可,这就是便利性。当然,除了便利性,还有实用性。商品即使质量很好,不够实用,顾客也不会购买。

5. 服务

现在,消费者越来越注重服务的品质,有人甚至还提出了保姆式的全方位服务。比如,企业帮客户全程代办买卖交易,就是一种全方位服务。对于房地产市场,委托中介全程代办,就是一个全方位服务,满足了顾客省时省事怕麻烦的价值主张。

6. 定制

定制是近几年流行的一个词。如今,消费者越来越理性,越来越追求个性化、体验化,定制也就成了众人或众企业的价值主张核心点。比如,银行理财服务、私人理财服务就是定制。可以预见的是,定制会成为未来越来越重要的一种价值主张。

7. 风险控制

如何帮顾客进行风险控制，降低使用的风险、未来的风险，也是很重要的一个价值主张要素。举个例子，购买汽车的时候，一般都会说"免费三年的保养""免费五年的保养""维修多少公里"等，目的就是要降低后面用车的使用风险。

8. 价格

某些客户细分的群体非常在意价格，比如，大众点评和美团网等都是靠低价格来满足消费者对日常消费的需求。再如，联邦快递、沃尔玛天天低价，也都是通过价格来满足消费者对商品"物美价廉"的需求的。

9. 创新

创新是企业存在和发展的根本，只有积极创新，企业才能获得更好的发展。细分客户一般都会关注创新的服务和创新的产品。比如，苹果手机推出的滑动触屏方式，就是一种不错的价值主张。

10. 可获得性

购买一种产品或服务，如何更好地得到商品？企业生产的商品和服务不能高高在上，要为顾客提供便捷性，要让他们感受到它的价值。

11. 性能

性能是一个老生常谈的问题，比如，空调性能的卖点，有的是静音，有的是省电；瓜子二手车直卖网的卖点是，没有中间商赚差价。

新产品驱动模式

智能时代，人工智能成为行业数字化转型的关键，也驱动着ICT生态发生变化。

为了让生态更好地适应变化，华为在智能进化方面做了很多工作。比如，过去数年间，为了自身组织架构和业务支撑平台的数字化转型，华为已经投资超过百亿，帮助10多个行业的1000多家客户实现了行业数字化转型。

华为从人才获取、解决方案、交付服务、伙伴合作等方面入手，让生态更好地适应变化。

在人才获取方面，华为以自己的生态大学为平台，跟300多家高校合作，共同打造了国内首个ICT行业的全周期人才供应链，并制订了未来两年内规模化培养AI人才的"创智计划"。

在解决方案方面，华为构建了"解决方案伙伴计划"，向伙伴提供数字平台、Open Lab、Market place等帮助，从联合方案开发、验证、发布、上市到销售，提供全流程的业务支持。

在交付服务方面，华为启动了"服务伙伴能力提升计划"，聚焦于顶层设计、项目管理、集成验证、全栈云运营等能力，帮助服务伙伴构建ICT基础设施服务和场景化服务，形成了面向客户优势互补的联合体，打造了高品质的服务体验。

在伙伴合作方面，通过"企业e+"平台，建立了各伙伴的统一入口，同时利用AI等数字化技术，缩短了伙伴注册、认证、激励等流程，提高了生态合作效率。

关键业务是一个商业模式能够顺利运行下去的核心业务，任何一种商业模式离开了关键业务，都无法打通。关键业务主要包括如下一些基本方面：

1. 生产

对于生产型企业，生产环节是一个关键业务。为将整个生产做得高效和流畅，高质量地按照原来既定的时间要求、品质要求，提前或按期交付，企业就要做好生产与整体的管理。这个关键业务，需要进行妥善的管理。

如今，很多企业在生产管理上存在着巨大漏洞或缺陷，除了跟工艺与流程有关的，还需要通过精益化思想与精益化管理，通过消费者的需求拉动，让整个生产环节高效运作起来。很多生产环节，都是浪费时间、浪费金钱或浪费人力的。

举个简单例子，采购原材料，如果还没有进入生产环节，就需要将原材料在库房存放两个月甚至六个月，这样的等待就是一种时间的浪费。企业必须通过更好的精益化管理，真正实现即时生产。在商业模式里，就要让企业的关键业务在最短的时间里有效地生产出消费者需要的产品。

2. 提供解决方案

有些咨询公司、银行和专门做客户的服务型公司，需要提供整体的解决方案，即使今天的很多制造业，也不是简单地卖产品那么简单。如何为客户提供完整的或全方位的、可持续性的解决方案？很多行业，包括很多制造业都变成了服务业，一个关键业务就是如何持续性地提供解决方案。解决方案的提供是一个关键业务板块，里面牵涉到很多问题，比如，流程标准体系的构建和应对等。

3. 构建平台

互联网时代，只有依靠平台或某种网络的模式，才能得到好的发展。这里面有个关键业务，就是如何构建自己的平台。构建平台不仅需要进行大量的积累，需要构建一种新的商业模式，还需要对消费者更好地进行理解。比如，阿里巴巴、京东等都是以平台为载体的企业，构建平台就是他们的一个管理性业务。

记住，设计自己商业模式的时候，企业要根据自己的行业和模式类型，对关键业务进行确认、提升和优化。

客户需求驱动模式

对客户进行了细分，了解了客户的价值主张，有了准确的企业定位，明确了不错的渠道通路时，就要想一想：企业采用的是直接渠道，还是间接渠道？想与消费者形成一种什么样的互动关系，与消费者形成一种什么样的顾客关系？

客户关系决定着企业的运营，决定着企业要通过什么样的方式来引领顾客消费。

一、企业跟顾客关系的驱动要素

企业跟顾客的关系有三个重要的驱动要素。

1. 维护老客户

对于企业来说，老客户非常重要，因为开发一个新客户跟巩固一个老客户所耗的时间、资源、精力都是不一样的。巩固一个老客户远比开发十几个新客户要来得更直接、更有效。所以，企业不仅要留住老客户，更要巩固老客户。

2. 开发新客户

企业的产品或者服务，需要有很多新客户来进行消费，开发新客户也就成了一种进攻型战略。所以，为了进攻开发新客户，就要建立一种全新的客户关系。

3. 增加企业单体

如何增加企业单体，如何提高服务销量，如何提高单价？答案就是，让企业的某个商品或某个服务，有更多的人来消费，同时还要提升商品或服务的价格，继而营造一种良性循环。

二、建立好的顾客关系

如何与顾客建立良性关系？可以为客户提供如下类型服务。

1. 社区式服务

将商品销售出去，只是销售的第一步。为客户建立社区、论坛、粉丝群，让顾客在群里发表他自己的言论、讲解、看法，就形成了社区式服务。买商品不是简单的第一步，要把顾客变成粉丝，产生持续消费，形成一种新的社群顾客关系，这就是社区式的服务关系。

2. 自助式服务

既不用跟客户讲太多，也不用见到顾客，直接为顾客提供便捷的自助服务即可。例如，商场里的自助购货机，如果想买某种商品，只要往里面投进钱，点击按钮，商品就能出来。这种服务就是自助服务，企业跟顾客形成的关系就是一种自助关系。

3. 与客户协作创造

举个例子，小米手机，让客户参与，听从客户的意见。顾客先对手机提出自己想要的功能、颜色和设计，然后共同参与设计或制造。这种方法更符合当下市场环境要求的体验式的、生态式的顾客关系。

4. 自动化服务

使用一个便捷的复杂的体系,消费者就能跟企业形成互动。如此,企业就不用太多地讲解,也不需要太多的私人服务,只是通过完整的自动化服务,就能完成整个销售过程。

5. 私人服务

私人服务的流程是:首先,通过销售人员或平台把商品卖出去;其次,通过对顾客的讲解,告诉顾客商品服务的特点与卖点;最后,一手交钱,一手交货,形成交易。

6. 专属的私人服务

银行的私人客户经理、保险公司的私人保险理财顾问等,就是专属的私人服务。

记住,所有的客户关系,都需要企业用心来琢磨和构建。因为每一种关系背后对应的都是一整套作业流程和作业体系,因此要明确企业和顾客需要什么样的关系。

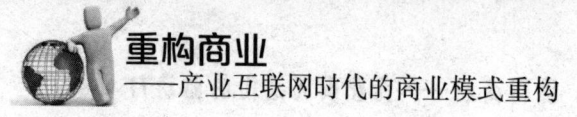

核心资源驱动模式

要想让一个商业模式顺利地进行下去,就需要很多关键资源。没有资源,今天的商业模式就很难走下去。那么,商业模式关联的核心资源到底有哪些?

1. 金融资源

今天,很多企业都缺钱,没有金融资源的支撑,现金流很弱,在某种情况下甚至还很拮据或会断流。国家经济不景气,很多企业都缺银行借贷,商品或服务的销售难度加大,回款的难度加大,资金压力也越来越大,而且成本还在不断上升。如果想拥有金融资源,企业就要在竞争中发挥自己的优势。现金流就是一个很重要的金融资源。

如何来获得金融资源呢?比如,在银行或其他金融部门有很好的信用额度,或在朋友中有很好的口碑,就有了很好的金融资源来源。同时,也可以持有上市公司或企业的股票或股权,也是企业盘活现金流的一个重要金融资源。有了金融资源,在竞争中,也就不再缺少流动的血液。

说到金融资源,还有三点是需要考虑的:一是商业模式本身,即所谓的模式的转型;二是管理机制与管理体系的升级;三是资本思维,尤其是在资本思维的模式下,金融资源显得更加重要。

2. 人力资源／人才资源

商业模式要想很好地运行下去，主要依赖于人才，没有人才就没有人力资源，所有的想法都会归于零。如今，人力资源或人力资本已经被提到了更高的高度，从整体上来说，各企业都缺少人才，而且很难找到德才兼备的人才。

人才资源、实物资源、金融资源与知识性资源，是企业最重要的核心资源。把这些核心资源都汇集到一家企业的发展里，企业就能得到不错的发展。同时，还要考虑到客户细分、价值主张、渠道资源以及客户关系，这些都跟核心资源有着密切的关系。

3. 知识性资源

未来的竞争越来越多，但多数都是无形的竞争。这时候的竞争已经不需要长枪大炮，企业之间的竞争慢慢转向了无形资产的竞争，里面包括：商标权、专利权和品牌等，所以企业是否拥有强大的品牌，是否拥有强大的专利商标体系，是否拥有众多无形资产，就非常重要了。

在未来的商战竞争中，要把知识资源当成重要的投入来对待，尤其是如今对品牌类要求越来越高。把无形财富变成知识性资源，对于企业来说，就是一个很大的挑战。

4. 生产资源

企业需要生产设备、厂房，更需要办公场所，这些资源就是实物资源。实物资源是保证企业继续运营下去的核心资源，没有这些资源，企业就无法将人才、资金等其他要素组合在一起，所以实物资源很重要。

总之，每个领域的商业模式都需要核心资源，要把核心资源当成重要的工作来做。只有掌握了好的核心资源，企业才能得心应手地应对未来的挑战。

成本结构驱动模式

所谓成本结构,是指商业模式的良好运行离不开成本,成本最小化、价值最大化是企业的最终目的。

成本结构共包括两方面的内容:第一,成本最小化;第二,价值最大化。如何以最小的成本获取最大的价值?对应的商业竞争策略就是低价。比如,沃尔玛的天天低价,西南航空低廉飞机票等,就是将低价作为核心竞争力来对待。

价值型的成本结构追求的是高端的价值输出,讲求的是体验与品质。比如,豪华型酒店,满足了高端人士或富裕阶层的需求,他们追求住宿的高品质,追求的是价值。

通常,成本结构在商业模式里可以分为如下几个点:

1. 范围成本

何谓范围成本?就是说,将经营范围扩大,可以有效地降低成本。举个例子:在同样的一个渠道,过去提供了两种商品,今天变成了20种,就是将范围扩大了。如此,渠道成本就没有增加,只在原有的基础上增加了范围,把渠道成本降了下来。

2. 可变成本

企业的营销费用就是一个可以变动的成本。如何在新的商业环境中使用好的商业策划来实现最少的投入，获得最大的广告效益？就是要重视营销投入，这里讲的就是可变成本。

3. 规模成本

一旦某个商品由十件变成一百件、一千件、一万件，随着企业规模的不断扩大，商品的边际成本就会越来越低。所以，只要扩大商品或服务的规模，成本就能大大降低。

4. 固定成本

员工的工资、企业的房租租金、生产设备等，就是固定成本。

收入来源驱动模式

通常，企业都是通过销售自己的商品和服务获得收入的。

收入来源主要有两种类型：一是一次性收入，二是持续性收入。比如，销售掉商品，顾客付钱，就是一次性收入。顾客能否持续不断地来付钱，这是一种持续性收入。

设计商业模式的时候，企业需要确定：要获得一次性收入来源，还是持续性收入来源。

企业的收入来源可以分为如下几种类型：

1. 会员费

很多商场、超市、美容院或养生会所，都会让客户办会员卡，为会员提供打折或优惠。客户一次性地将一年或更长时间的费用，充到会员卡里，客户就能变成会员，之后再享受商品或服务，就能得到某种优惠。这是一种预期性收入，也是一种持续性收入。

2. 广告费

广告费是一种重要的收入来源。今天，很多互联网公司平台，消费者都能免费使用，他们的收入一般都是广告费。例如，优酷、爱奇艺等影视网站，广告费就是他们的核心收入来源。

3. 经纪人的佣金

房产中介或其他中介的经纪人，他们的佣金就是这种收入来源。如今，很多行业都有中介机构，他们的收入来源就是经纪人佣金，例如，链家、我爱我家等就是如此。

4. 使用费

电信手机的流量与话费，就是在使用电信的通信技术为客户提供服务，每月不停地收到话费收入，就是一种持续性的收入来源，就是一种使用费。

5. 资产销售

所谓资产销售就是，商品服务的销售，基本上很多都是一次性收入来源。具体过程是：企业出售商品的所有权或服务，顾客付钱。

6. 许可使用费

连锁加盟的商标权、品牌使用权，加盟商只要交钱，就能使用专利商标，这就是专用许可权。

7. 租赁费

租车费就是一种租赁费，按照时间、天数和里程来获得车辆的租赁费用。

后 记

产业互联网是将互联网应用于传统产业领域的一种新业态,即传统产业领域的互联网,是将众传统企业如制造业、农业、能源、物流、交通、教育等与大数据、云计算、智能终端等新兴信息技术的融合创新,实现传统产业的转型升级。

产业互联网让传统企业的转型迈出了坚实的一步:

1. 转变思维

传统企业的产业互联网转型,首先,要转变思维理念,将互联网思维和企业行业及业务特性结合起来,建立起适合企业发展要求的互联网文化理念;其次,通过培训研讨、行动式学习等的引导,帮助管理者突破固有思维禁锢,统一思想,树立转型变革的紧迫感,为推动转型进行铺垫。

2. 改变模式

传统企业要对自己的现状、资源等做好调研分析,探究行业趋势,发现产业链利益相关方价值,认真剖析互联网转型案例,缜密探讨互联网技术驱动的商业模式创新等领域,明晰产业互联网转型定位与方向,进行商业模式创新设计,为企业设计独特、高价值的发展之路。

3. 修改机制

产业互联网时代,必须将新型商业模式与组织管理机制结合起来,建立和商业模式相匹配的组织管理机制,比如,事业合伙人机制、阿米巴模式、股权激励、内部创业机制等,最大化地激发组织创新活力。

4. 建立平台

产业互联网下,传统企业运作模式的实现,必须依赖于 IT 平台的支撑,比如,网上商城、O2O 平台、移动 APP、微信平台、大数据分析等。传统企业要快速进行规划设计,不断地进行迭代优化,努力跟业务实现无缝对接。

后记

产业互联网时代，传统企业必须努力进行战略转型、组织变革、机制创新、流程优化、人员能力培养。

这是最好的时代，也是最差的时代！面对不可抗拒的产业互联网，传统企业唯有转型才是关键！